Roland Kühnel
Sprachführer Naho

Roland Kühnel

Sprachführer Nahost

Ägyptisch – Syrisch – Marokkanisch

2002
Harrassowitz Verlag · Wiesbaden

Koautor und graphische Gestaltung: Doreen El Sayed

Bibliografische Information der Deutschen Nationalbibliothek
Die Deutsche Nationalbibliothek verzeichnet diese Publikation in der Deutschen Nationalbibliografie; detaillierte bibliografische Daten sind im Internet über http://dnb.d-nb.de abrufbar.

Bibliographic information published by the Deutsche Nationalbibliothek
The Deutsche Nationalbibliothek lists this publication in the Deutsche Nationalbibliografie; detailed bibliographic data are available in the internet at http://dnb.d-nb.de.

Informationen zum Verlagsprogramm finden Sie unter
http://www.harrassowitz-verlag.de

Kreuzberger Ring 7c-d, D-65205 Wiesbaden,
produktsicherheit.verlag@harrassowitz.de

Gedruckt auf alterungsbeständigem Papier.
Printed in Germany

ISBN 978-3-447-04559-9

Inhalt

Vorwort	7
Umschrift und Aussprache	8
Praktische Redewendungen	10
Grußformeln, Vorstellung	10
Wichtigste Fragen und Bitten	14
Wichtige Floskeln und Phrasen	18
Zahlen und Zeitangaben	28
Alter, Geburtstag, Zeitwörter	36
Einladung, Zu Besuch	38
Wetter	44
Visum, Meldestelle, Zoll	46
Polizei	50
Flughafen	52
Bank, Geldwechsel	58
Taxi	60
Auto, Mietwagen, Exkursion	62
Bus	66
Zug	68
Hotel	70
Telefon, Fax, Computer	74
Post	78
Wohnung, Makler	80

Restaurant 82
Arabische Speisen 86
In der Stadt 88
Reisebüro, Touristeninformation 90
Einkaufen 92
Dienstleistungen 96
Friseur 98
Kino, Theater 100
Tankstelle, Werkstatt 102
Verkehrsunfall 104
Arzt 106
Zahnarzt 112
Apotheke 114
Krankenhaus 116
Sprachkurs, Universität 118

Basisvokabular 121

Geographische Bezeichnungen 158

Währungen 162

100 Worte Berberisch 163

Minimumgrammatik 165

Abkürzungen 181

Vorwort

Das Arabisch dieses Sprachführers ist nicht das in allen arabischen Ländern verwendete schriftsprachliche Hocharabisch, sondern das Arabisch, welches in der mündlichen Sprachpraxis bei den verschiedensten Bevölkerungsschichten Anwendung findet: die Umgangssprache in Ägypten, Syrien und Marokko.

Die Kenntnis von Ägyptisch, Syrisch und Marokkanisch in dialektaler Form ermöglicht eine weitgehende Verständigung im gesamtarabischen Raum. Dabei richtet sich der Wortschatz gleichermaßen an Geschäftsleute, Studenten und Touristen. Grundlage sind die Stadtdialekte von Kairo, Damaskus und Casablanca, die für Ägypten, Syrien und Marokko prägend sind und darüber hinaus auch in den benachbarten arabischen Staaten zumindest passiv verstanden werden. Bei der Auswahl des Wortschatzes der „Redewendungen" wurden konkrete, nachhaltige Kommunikationssituationen des Alltags berücksichtigt.

Das „Basisvokabular" umfaßt ca. 1200 Wörter und enthält auf Grund der diglossischen Situation im arabischen Raum (Hochsprache-Dialekt) dialektale und hochsprachliche Termini. Beim Marokkanischen sind die gleichwertigen französischen Äquivalente kursiv gesetzt.

Das Kapitel „Grammatik" stellt einen Überblick über die wichtigsten grammatischen Formen der behandelten Dialekte dar. Dem Benutzer wird empfohlen, sich den Grundwortschatz zunächst an Hand der Redewendungen einzuprägen.

Die Umschrift orientiert sich am internationalen Transliterationssystem, wobei sie an die deutsche Phonetik angepaßt wurde. Betonungen sind fett hervorgehoben. Um eine gute Verständigung auf Arabisch zu erreichen, ist es erforderlich, daß sich der Benutzer eingehend mit den Ausführungen zur Aussprache vertraut macht.

Für Korrekturen danken wir sehr herzlich Omar Kamil (Kairo), Hicham Arib (Casablanca), Khaled El Badaoui (Nador) sowie Udo Zimmer (Leipzig) für die logistische Hilfe.

Leipzig, Dezember 2001 Roland Kühnel

Umschrift und Aussprache

Die in diesem Sprachführer verwendete Umschrift der arabischen Laute folgt der in der wissenschaftlichen Literatur üblichen Transkription für die hocharabische Schriftsprache. In einigen Fällen erwies es sich als praktischer, ein anderes Zeichen zu wählen; auch wurden Veränderungen dort vorgenommen, wo die vereinfachte Form eine bessere Verständigung ermöglicht als eine wissenschaftliche Umschrift, die kommunikationserschwerend wirken würde. Über die folgenden und unbedingt zu beachtenden Erläuterungen hinaus ist es ratsam, auch die im grammatischen Anhang enthaltenen Bemerkungen zur Aussprache, besonders jene zur Betonung, zu beachten. Alle nicht besprochenen Lautzeichen haben dieselbe Aussprache wie im Deutschen.

Zur Beherrschung der korrekten Aussprache des Dialektarabischen empfehlen wir unbedingt den intensiven Sprachkontakt mit arabischen Muttersprachlern und audiovisuelle Hilfsmittel.

Konsonanten

ġ	stimmhafter Reibelaut, wie Berliner g in sagen („saren") oder französisches Rachen -r
ǧ	stimmhaftes j, wie frz. j in journal, ital. giorno, engl. jazz
ḥ	stimmloses, stark gehauchtes h
ẖ	wie ch in Nacht, Buch
q	wie ein tief in der Kehle erzeugtes k
r	gerolltes Zungen -r wie im Russischen oder Spanischen
s	wie stimmloses s in Ast oder ß in Fluß
š	wie sch in Schule
w	wie engl. water oder sehr kurzes u in Haus
y	wie j in ja, nach Vokal oder vor Konsonant wie in Mai
z	wie stimmhaftes s in Rose
ʿ	Stimmabsatz, „Knacklaut", wie in be/inhalten, na/iv. Am Anfang eines vokalisch anlautenden Wortes wurde dieser (arabisch *Hamza* genannte) Laut nicht extra bezeichnet, da der deutschsprachige Benutzer ihn in dieser Position automatisch spricht.

^{c}

im Anlaut als weicher Stimmabsatz, zwischen Vokalen als stimmhafter Bindelaut, nach a lang zu sprechen; in den übrigen Positionen wie ein tief in der Kehle erzeugtes a.

ḍ, ṭ, ṣ, ẓ

Diese mit einem Punkt versehenen Konsonanten werden „emphatische“ Konsonanten genannt; sie werden mit besonderem Nachdruck artikuliert. Man kommt ihrer arabisch korrekten Lautung nahe, wenn man den ihnen folgenden Vokal dunkler, „tiefer“ spricht. Oft ist die emphatische Aussprache die alleinige semantische Unterscheidungsmöglichkeit, z.B. tīn (Feigen) und ṭīn (Schlamm, Lehm); sēf (Säbel) und ṣēf (Sommer) etc.

Doppelkonsonanten (wie mm, ll, nn, rr usw.) sind stets mit doppelter Intensität zu realisieren wie die sogenannten Dauerkonsonanten im Italienischen, z.B. in mamma; also nicht wie im Deutschen, wo sie lediglich die Kürze des vorangehenden Vokals bezeichnen. Auch hier kann es bei Nichtbeachtung zu Missverständnissen kommen, z.B. bei ḥamām (Taube) und ḥammām (Bad).

Vokale

a	kurzes a wie a in Wasser, Hast; mit starker Tendenz zu ä
ā	langes a wie in malen, fahren
e	kurzes, aber geschlossenes e wie in Bett
ē	langes, geschlossenes e wie in Lehne, dehnen
i	kurzes, offenes i wie in Kind, Schimmel
ī	langes, geschlossenes i wie in Biene, Maschine
o	kurzes, offenes o wie in Sonne, hoffen
ō	langes, geschlossenes o wie in Ton, schon
u	kurzes u wie in bunt, Mund
ū	langes, geschlossenes u wie in Tube, gut

Deutsch	Ägyptisch
Guten Tag!	is-salāmu ᶜalēkum!
Antwort	wa ᶜalēkum us-salām!
Guten Morgen!	ṣabāḥ il-ẖēr!
Antwort	ṣabāḥ in-nūr!
Guten Abend!	misā il-ẖēr!
Antwort	misā in-nūr!
Gute Nacht! (f)	tiṣbaḥ(i) ᶜala ẖēr!
Antwort (f)	winta (winti) min ahluh!
Hallo! (Pl)	ahlan! (ahlēn!)
Willkommen!	marhaba(n)!
Herzlich willkommen!	ahlan wa sahlan
Auf Wiedersehen!	maᶜ is-salāme!
Ich heiße (mein Name ist) ...	ismī...
Ich komme aus Deutschland (Österreich, der Schweiz).	ana min almānya (min n-nimsa, min swisra).
Ich bin Deutscher (Deutsche) (Österreicher, Schweizer).	ana almānī (almānīya) (nimsāwī, swisrī).
Ich bin Tourist(in).	ana sā'iḥ(a)
Sind Sie... / Bist Du...? (f)	inta..., inti...?
Sind Sie Herr...?	ḥaḍritak il-ustāz / is-sayyid...?
Sind Sie Frau...?	ḥaḍritik il-ustāza / is-sayyida...?
Wie heißen Sie? (f)	ismak (ismik) ē?
Freut mich, Sie kennenzulernen.	tšarrafna
Kennen / Wissen Sie...? (f)	bitᶜarif(i)...?
Warten Sie! (f)	istanna (istanni)!
Einen Moment, bitte!	lahẓa, min faḍlak (faḍlik)!
ja	aiwa, ē, naᶜam
nein	lā, la'a
Danke!	šukran!
Bitte! (Bitte / Aufforderung)	min faḍlak (faḍlik) / lau samaḥt
Entschuldigung!	ᶜafwan!

Syrisch	Marokkanisch
as-salām(u) ^{c}alēkum!	as-salām(u) ^{c}alēkum!
wa ^{c}alēkum us-salām!	wa ^{c}alēkum us-salām!
ṣabāḥ l-ẖēr!	ṣ(a)bāḥ l-ẖēr!
ṣabāḥ in-nūr!	ṣ(a)bāh (i)n-nūr!
masā l-ẖēr!	m(a)sāl l-ẖēr!, *Bonsoir*!
masā l-nūr!	m(a)sāl l-nūr!
tiṣbaḥ(i) ^{c}ala ẖēr!	līla sa^{c}īda!
ū inte (inti) b-ẖēr!	līla sa^{c}īda!
ahlan! (Pl ahlēn), ya hala!	ahlan!, *Bonjour*!
marḥaba! (Pl marḥabtēn)	marḥaba!
ahla(n) wa sahla(n)!	ahlan wa sahlan!
ma^{c}s-salāme!, ẖārak! (ẖārik)	ma^{c}s-salāme!, bis-slāmē!
ismi...	smīti
ana min almānya	ana min almānya
(n-nimsa, swisra)	(n-nimsa, swisra).
ana almāni(almānīya).	ana almāni(almānīya)
(nimsāwī, swisrī).	(nimsāwī, swisrī).
ana sā'iḥ(e)	ana (rāni) sā'iḥ(a)
inta...?, inti...?	nta...?, nti...?
inta is-sayyid...?	nta is-sayyid / *Monsieur*...?
inti is-sayyida...?	nti is-sayyida / *Madame*...?
šū ismak (ismik)?	asmītek (asmītik)?
šarraftuna	mutašarrafīn
bit^{c}arif(i)...?	(ka)ta^{c}raf(i)?
istanna! (istanni)	istanna! (istanni)
lahẓa / da'īye, min faḍlak! (faḍlik)	lahẓa!; *(un) moment*!
ē, na^{c}am	ē, wa (Ostmarokko), na^{c}am
lā	lā
šukran, *merci*	*merci* (marsi), šukran
min faḍlak(i)!	min faḍlak(i)!
^{c}afwan!	^{c}afwan!, *pardon*!

Deutsch	Ägyptisch
Wie geht's?	izzaiy il-ḥāl?
Wie geht es Ihnen / Dir? (f)	izzayak? (izzayik?)
Danke, gut.	l-ḥamdullilāh, kuwaiyis
Nicht gut.	muš kuwaiyis / k(i)wayyis
So lala.	ya^cnī
Mein Name ist...	ismī...
Gestatten Sie (f),	tismaḥlī (tismahīlī)
daß ich mich vorstelle?	a^cddim nafsī?
Ich stelle Ihnen vor: (f)	tismaḥ(i)lī addimlak (addimlik):
... meinen Mann	... zōgi
... meine Frau	... zōgti
... mein Vater	... abūya, waldi
... meine Mutter	... ummi, walditi
... meine Eltern	... wālidēni
... meinen Sohn	... ibni
... meine Tochter	... binti
... meine Kinder	... awlādi
... meinen Bruder	... aḫūya
... meine Schwester	... uḫti
... mein Freund	... ṣadī'i, saḥbi
... meine Freundin	... ṣadī'ti, saḥibti
... mein Kollege	... zamīli
... meine Kollegin	... zamīlti
... mein Nachbar	... gāri
... meine Nachbarin	... gārti
Ich bin verheiratet. (f)	ana mgauwiz (mgauwiza)
Ich bin ledig. (f)	ana muš mgauwiz (mgauwiza)
Ich habe keine Kinder.	mā ^candiš awlād
Haben Sie Kinder?	^candak (^candik) awlād?
Ich habe einen Sohn/eine Tochter.	^candī walad / bint
Mein Herr!	yā sayyid!, yā sīdi!
Meine Dame!	yā sitt!
Mein Fräulein!	yā ānise!
Meine Damen und Herren!	sayyidāti sādati!

Syrisch	Marokkanisch
kīf ḥālak? (ḥālik)	lēbēs?, *ça va*?, wēšrēk(i)?
šlōnak? (šlōnik?)	kīfak? (kīfik), kidayār(a)?
l-ḥamdullilāh, mnīḥ(a)!	l-ḥamdullilāh, bi-ẖēr!, ***ça va***!
māni mabsūṭ(a)	ana mēši mizyān(a), talga
māšī l-ḥāl	ḥēk-u-ḥēk
ismī...	ismī...
tismaḥ(i) lī	smaḥ(i) li
addim nafsi?	nqeddem nefsi?
tismaḥ(i) lī addim lak (lik)...	smaḥ li nqeddem lak (lik)...
... zōği	... zauği
... zōğti, marti (fam)	... zauğti, marti
... bayyi	... ābi, l-wālid
... immi (ummi)	... ummi, l-wālida
... ābi ū immi, wuldīye	... wēldīn diyēli
... ibni	... weldi
... binti	... benti
... awlādi	... drēri diyēli
... ḥayyi	... aẖi
... iẖti	... uẖti, ẖēti
... saḥbi	... ṣadīqi, ṣāḥbi
... saḥbti	... ṣadīqati, ṣāḥbti
... zamīli	... ṣāḥeb diyēli (zamīli *pej*)
... zamīlti	... ṣāḥeba diyēli
... ğāri	... (l)ğāri
... ğārti	... (l)ğārti
ana mutazauwiğ(a)	ana m(u)zuwiğ(a)
ana miš mutazauwiğ(a)	ana ēzri (a^{c}azba)
mā ^{c}andi awlād	mā ^{c}andi aṭfāl / drēri
^{c}andak (^{c}andik) awlād?	^{c}andak drēri?
^{c}andī walad / bint	^{c}andi wēld / bint
yā sayyid!, yā sīdi!	a-ssi!, *Monsieur*!
yā sitt!, *Madame*!	*Madame*!, yā lalla! / lella!
yā ānise! (*Mademoiselle*!)	*Mademoiselle*!, yā ẖēti!
sayyidāti wū sādati!	sayyidāti wa sādati!

Deutsch	Ägyptisch
Ich verstehe / spreche nur etwas Arabisch.	ana befham / bekallim ^{c}arabī šwayya bass
Sprechen Sie Englisch? (f)	bitkallim(i) inglīzī?
Sagen Sie mir bitte... (f)	ūllī min faḍlak (faḍlik)...
Wie bitte?	na^{c}am?
Ich habe verstanden.	(ana) fihimt.
Ich habe nicht verstanden.	(ana) mā fihimtiš.
Ich habe Sie nicht verstanden.	(ana) mā fihimtakš.
Haben Sie verstanden? (f)	fihimt(ī)?
Haben Sie mich verstanden? (f)	fihimtnī? (fihimtīnī)?
Wiederholen Sie noch einmal!	ūl(i) marra tanya!
Können Sie mir bitte helfen?	mumkin tsa^{c}idni?
Vielen Dank für Ihre Hilfe!	šukran ğazīlan ^{c}ala-l-musā^{c}ada!
Gestatten Sie... (f)?	^{c}an iznak (iznik)...?
Ich möchte... (f)	ana ^{c}auwiz(a) / ^{c}āyiz(a)
Ich möchte nicht... (f)	ana muš ^{c}āuwiz(a)
Ich brauche...	ana fī ḥāga...
Ich suche...	bidauwwar...
Wo ist...?	... fēn?
Wohin...?	... (^{c}ala) fēn?
Woher...?	... minēn?
Wer ist...?	mīn...?
Wer sind Sie? (f)	inta mīn?, inti mīn?
Wie alt sind Sie? (f)	^{c}andak (^{c}andik) kam sanna?
Wann...?	imta...?
Wie oft...?	kam marra?
Wie komme ich dahin?	arūḥ hināk izzaiy?
Wie lange dauert das?	dē byāẖud 'addi ē?
Welche (f)...?	anhū (anhī)...?
Warum?	lē?
Was ist los? Was ist passiert?	fī ḥāga?

Syrisch	Marokkanisch
bifham / biḥki	k(ē)n^{c}aref ġīr šī
^{c}arabī šwayya bass	šwīyya diyēl l-^{c}arbīya
btiḥki inglīzi (fransāwi)?	kat^{c}aref (i)nglizīya (fransāwīya)?
illī, min faḍlak (faḍlik) ...	gulli, min faḍlak...
šlōn? na^{c}am?	na^{c}am?, ēš gult(i)?
fhimt	fhemt
mā fhimt	mā fhemtš, mā nefahimš
mā fhimt ^{c}alēk	mā fhemtakš
fhimt? (fhimti?)	fhemt? (fhimti?)
fhimtni? (fhimtīni?)	fhemtini? (fhemtīni?)
ullī marra tāniya	gullī marra tāniya!, ^{c}awwad!
i^{c}mel ma^{c}rūf...?	teqder tsā^{c}adni?
Merci ktīr! (*Lib*), šukran ǧazīlan!	Baraka lau fīk!, šukran!, *Merci*!
(i)smaḥ(i) lī	smeḥli (semḥili), *pardon*
biddi, brīd	bġīt
mā biddi	mā bġīt(š)
lēzimni	ẖessni / ẖassni
^{c}am bfetteš ^{c}an...	nfetteš, kanqelleb
wēn...?	fēn...?
lawēn...?	fēn...?
min (w)ēn...?	mnīn, min (f)ēn...?
mīn...?	škūn...?
mīn inte (inti)?	škūn nta (nti)?
addēš ^{c}imrak (^{c}imrik)?	šḥāl fī ^{c}umrek?
ēmta...?	ēmta...?
kam marra...?	šḥāl men marra...?
wēn it-tarī' la..?	trēq l..., fēn?
addēš biṭauwel?	šḥāl diyēl-waqt...?
ēnahu (ēnahi)...?	ašmen...?
lēš...?	alēš?
šū sār?, šū fī?	ēš kāyan?

Deutsch	Ägyptisch
Wie heißt das?	ismu ē?
Was ist das?	ē dē?
Haben Sie...? (f)	^{c}andak...? (^{c}andik...?)
Geben Sie mir bitte...! (f)	iddīni min faḍlak (fadlik)!
Nehmen Sie...! (f)	ẖud! (ẖuddi!)
Nehmen Sie bitte Platz! (f)	itfaḍḍal(i) istaraiyaḥ(i)!
Bringen Sie mir bitte...! (f)	gīblī (gībīlī) min faḍlak (faḍlik)!
Zeigen Sie mir...!	warrīni...!
Gehen Sie...! (f)	rūḥ(i)!
Gehen wir!	nimši!
Haben Sie etwas Zeit? (f)	^{c}andak (^{c}andik) wa't?
Wann haben Sie Zeit?	inta fāḍī imta?
Was sagten Sie?	ālu ēh?
Was ist Ihre Meinung ? (f)	rāyak (rāyik) ē?
Was wünschen Sie?	^{c}āuwiz(a) ē?
Wohin gehen Sie?	tirūḥ (^{c}ala) fēn?
Was suchen Sie?	biddauwar ^{c}ala ē?
Wen suchen Sie?	biddauwar ^{c}ala mīn?
Wem gehört das?	bitā^{c} mīn dē?
Was bedeutet das?	ya^{c}ni ē dē?
Wer hat das gesagt?	mīn āl dē?
Wieviel kostet das?	bikām dē?
Was sind Sie von Beruf?	mihnitak (mihnitik) ē?
Wo arbeiten Sie? (f)	inta (inti) bitaštaġal(i) fēn?
Ich arbeite...	ana bištaġal...
Wo wohnen Sie? (f)	inta (inti) sākin (sākna) fēn?
Ich wohne... (f)	ana sākin (sākna)...

Syrisch	Marokkanisch
šū ism...?	ēš ism...?
šū hā(i)da?	šū hād šī?, ēš dak šī?
^{c}andak (^{c}andik)...?	^{c}andak (^{c}andki)...?
^{c}atīni min faḍlak (faḍlik)...	eddīni min faḍlak (faḍlik)...
ẖōd (ẖiddi)	hāk
strīḥ(i), iğlis(i)	gles
ğīb(i)li...	ğīb(i)li...
farğīni, warrīni	warrīni
imš(i), rōḥ(i)	rūḥ, imši
nimši	nmši
^{c}andak (andik) wa'ʼt?	^{c}andak waqt?
emta ^{c}andak wa'ʼt?	emta ^{c}andak waqt?
šū ^{c}am bit'ūl(i)?	ēš gult(i)?
šū rāyak (rāyik)?	ēš rāyak?
šū bitrīd?	ašnū tabġi?
lawēn rāyeḥ (rayḥa)?	lwēn ġādi (tiği)?
šū btfattiš (i)?	ēš tfatteš?
mīn btfatteš?	mīn tfatteš?
la mīn hāda?	škūn ṣāḥeb...?
šū ma^{c}ana hāda?	šnū hād šī?, ēš kata^{c}ni hādi?
mīn 'āl hēk?	škūn gāl hēk?
addēš ḥa'o (ḥa'a)?	šḥāl yeswa (taswa)...?
šū btištiġel(i)?	ēš ẖdma diyēlak?, ēš kat^{c}amel?
wēn btištiġel(i)?	fēn tištāġel(i)?
bištiġel...	ana štāġel...
wēn sākin (sākne)?	fēn (ka)tskun?
ana sākin (sākne)...	nskun...

Deutsch	Ägyptisch
Sagen Sie mir... (f)	'ullī... ('ullīlī)
Sagen Sie ihm... (f)	'ulluh... ('ullīluh)
Sagen Sie ihr...	'ullahā... (ūllīlhā)
Erinnern Sie mich daran!	fakkar(ī)nī bi-dē
Wie bitte?	na^{c}m?
Entschuldigen Sie bitte!	^{c}afwan!
Darf ich mal vorbei? (f)	(lau) samaḥt(i)?
Es tut mir leid.	ana āsif (asfa)
Das ist meine Schuld. (f)	ana ġaltan (ġaltāna)
Schade!	yā ẖasāra!
Leider!	lil-asaf!, ma^{c}il-asaf!
Ich habe es vergessen.	nisīt
Ich weiß nicht (genau).	muš ^{c}ārif, mā ^{c}ārafši (biz-zabt)
Ich habe keine Ahnung.	mā ^{c}andiš fikra
Macht nichts!	ma^{c}lēš!
Nicht so schlimm!	muš muškila!
Ja!	aywa, na^{c}m
So ist es!	mazbūt!
Richtig!	ṣaḥḥ!
Okay! Einverstanden!	kuwaiyyis! tamām!
Sie haben Recht. (f)	ma^{c}k ḥa'
Ich habe Recht.	ma^{c}i ḥa'
Tatsächlich!	fil-ḥa'ī'a!, fi^{c}lan!
Natürlich!	ṭab^{c}an!
Sicher!	akīd!
Wie Sie wünschen!	^{c}ala kēfak (kēfik)!
Gerne!	^{c}ala ^{c}amrak!
Mit Vergnügen!	bi-kulli mamnunīya!
Jawohl!	aywa!
Auf jeden Fall!	^{c}ala kill ḥāl!
Auf keinen Fall!	abadan!
Kann sein. / Vielleicht.	mumkin / rubbamā

Syrisch	Marokkanisch
illi (illīli)...	gulli...
illo (illīlo)...	gullu...
illa (illīla)...	gullha...
zakkir(ī)ni!	dakkirni!
na^{c}am?, šlōn?	na^{c}am? kīf?
^{c}afwan!	smaḥ lī!
(lau) samaḥt(i)?	mumkin ndūz?
āsif(a), *pardon*	mta'assif(a)
hāda zambi	hāda ġalaṭ diyēli
yā ẖsāra!	yā ẖsāra!
ma^{c}il-asaf!	lil-asaf!
nsīt	nesīt
mā ba^{c}ref (akīd)	mā ^{c}arafš hāda (biḍ-ḍabt)
mā ba^{c}aref šī	mā ^{c}ala bēlēš
ma^{c}lēš!	ma^{c}lēš!
basīṭa!	mēši muhimm!
ē na^{c}am!; mballa! (*Lib*)	ē na^{c}am!
ṣaḥḥ!	biḍ-ḍabt!, ṣaḥḥ!
ṣaḥīḥ!	ṣaḥīḥ!
mu'āfe!, ṭayyib!	wahha!, ṣāfi!
ma^{c}ak ḥa'	ma^{c}k l-ḥaqq
ma^{c}ī ḥa'	^{c}andi l-ḥaqq
bil-fi^{c}el!	fi^{c}lan!
ma^{c}lūm! ṭab^{c}an!	ṭab^{c}an!, ma^{c}lūm!
akīd!	bi-t-taḥqīq!, akīd!
mitl mā bitrīd	kīma tbġi
tikram!, ^{c}ala ^{c}aini!	bkul faraḥ!
^{c}ala ^{c}aini wa ra'si!, bi-surūr!	bel-farḥa!
^{c}amrak!, aywa!	taḥt ^{c}amrak!
^{c}ala kill ḥāl!	^{c}ala kull ḥāl!
(lā) abadan!	(lā) abadan!
mumkin, biğūz, rubbama	yimkin

Deutsch	Ägyptisch
Zweifellos!	bidūn šakk
Das ist egal.	muš muhimm
Sehr gut!	kuwaiyis auwi, gaiyid giddan
Ausgezeichnet!	^{c}azīm!
Besser als nichts.	muš baṭṭal
Gute Idee!	fikra kuwaiyisa!
Ach du Schreck!	ya salām!
Gott sei Dank!	al-ḥamdullilāh!
So Gott will	inšallah!
Bei Gott!	wallāhi!
Ich hoffe, daß...	āmal inno...
Nein, danke!	lā, šukran
Ich möchte nicht.	ana muš ^{c}āyiz (^{c}āyiza)
Ich habe keine Lust.	mā ^{c}andiš nifs, mā ^{c}andiš mazāg
Klar!	'ummāl ē!
Das geht nicht!	dē muš mumkin
Das kann nicht sein!	muš ma'ōl!
Niemals!	abadan!
Nicht nötig.	balāš!
Lassen Sie!	trok(i)!
Das interessiert mich nicht.	mā yihimminīš dē
Das nützt mir nichts.	mā yifīdnīš dē
Das geht mich nichts an.	malīš da^{c}wa bi-dē
Das ist nicht wahr.	muš ṣaḥḥ
Sie irren sich (f).	inta ġalṭān (inti ġalṭāna)
Lüge!	kadba!
Im Gegenteil!	bil ^{c}akis!
Das ist schlecht.	waḥiš
Das ist verboten!	mamnū^c!; ḥarām! (*rel*)
Unerhört!	muš ma'ōl!
Das ist Ihre Schuld (f)!	dē zanbak (zanbik)!
Schäm dich!(f)	^{c}ēb ^{c}alēk(i)!
Ist das wahr?	saḥḥ?

Syrisch	Marokkanisch
bidūn šakk!	ma^{c}lūm!, bdūn šekk!
killo wāḥed	(*c'est*) kīf-kīf!
ktīr mnīḥ!	mezyān bezzēf
^{c}azīm!, mumtāz!	mezyān
aḥsan min bala	ḥsen men blāš
fikra kwayyse!	fikra mezyāna!
yā laṭīf!, yā salām!	yā laṭīf!
al-ḥamdullilāh!	al-ḥamdullilāh!
inšallah!	inšallah!
wallāhi!	wallāhi!
āmal inno...	emel billi...
lā šukran!	lā šukran!, *Merci*!
mā brīd, mā baddi	mā bġīt(š)
mā illi ḫāṭer	mā ^{c}andiš l-gēna
mazbūṭ!, akīd!	mazbūṭ!
mā bṣīr!	miš mumkin!
miš ma'ūl!, ḥarām!	miš maqūl!
abadan!	abadan!
miš lāzim	maši darūri
trōk (triki)!, ḫalli!	ḫelli!
mā bihimni	mā yehmnīš
mā bifidi	mā yenfa^{c}īš
ha-šaġle mā bti^{c}nīni	dabbar rāsak!
hāda mū ṣaḥīḥ!	hāda mēši ṣaḥīḥ
inte ġalṭān	rāk ġalṭān
balfe!, kidbe!	kedba!
bil-^{c}aks!	bl-^{c}aks!
hāda mū kwayyis!	maši mezyān
hāda mamnu^{c}! (*rel.* ḥarām)	hāda mamnū^{c}!
šī mā nsama^{c}!	hāda mā ydarš
hāda zambak!	nta l-mudnib
ḥarām ^{c}alēk(i)!	^{c}aib!; ḥšem!
hāda il-ḥa'īya?	wēš hādi l-ḥaqīqa?

Deutsch	Ägyptisch
Kommen Sie her!(f)	taᶜāla! (taᶜālī)
Gehen Sie! (f)	rūḥ(ī)!
Verschwinden Sie! (f)	ġūr(ī)!
Bleiben Sie stehen! (f)	wa'af(ī)!
Beeilen Sie sich!	yalla! bsurᶜa!
Gehen wir!	nemši!
Folgen Sie mir (f)!	taᶜāla (taᶜālī)
Treten Sie ein! (f)	udḫul(ī)!
Herein! (f)	itfaḍḍal(ī)!
Nehmen Sie Platz! (f)	istaraiyah(ī)!
Geben Sie mir bitte... (f)	iddīnī min faḍlak (faḍlik)...
Nehmen Sie! (f)	ḫud(ī)
Ich bin in Eile.	ana musta'agil (musta'agla)
Ich bin beschäftigt. (f)	ana mašġūl(a)
Ich habe keine Zeit.	mā ᶜandīš wa't
Ich bin müde. (f)	ana taᶜabān(a)
Passen Sie auf! (f)	intebih(ī)!
Vergessen Sie das nicht! (f)	mā tinš (tinsīš) dē!
Haben Sie keine Angst!	mā tiḫafš (tiḫāfīš)!
Langsam!	šuwaiya!
Schnell!	yalla! bi-surᶜa!
Sofort!	ᶜala ṭūl!
Weiter! (f)	kammil(ī)!
Noch einmal!	marra tāniya!
Lassen Sie mich in Ruhe! (f)	treknī (trekīnī)!
Wenn ich wüßte...	lau kunt ᶜaref...
Schön wär's!	yā rēt!
Nicht wahr?	muš kida walla ē ?
Weißt Du Bescheid?	tiᶜraf dē?
Ja, ich bin auf dem Laufenden.	ē baᶜraf

Syrisch	Marokkanisch
ta^{c}āla (hōn)!	aǧi!, arwaḥ(i)!, ta^{c}la (hōn)!
imš(i)!	imš(ī)!
rūḥ(ī)!	tfāreq!, sīr fī ḥālek!
wā'if (wā'fe) hōn!	fqaf(ī)!, ḥabbes (ḥabbsi) hōn!
yalla! bsur^{c}a!	yalla! bzerbe!
nimši!	yelle!
ilha'ni (ilha'īnī)!	tba^{c}ni
udẖul(i)!	dẖul (duẖli)!
tfaḍḍal(ī)!	itfaḍḍal (tfaḍḍli)!
striḥ!	istriḥ!
hāt!	ǧīb(i) li... !
ẖōd (ẖiddi)!	hāk(i)!
ana musta'ağil (musta'ağla)	ana musta'ağil
ana mašġūl(a)	ana mšġūl(i)
mā ^{c}andiš wa't	mā ^{c}andiš l-waqt
ana ta^{c}abān(a)	ana ^{c}ayyān(a)
ntebih(ī)!	dīr bēlēk!
lā tinsa!	mā tnsāš!
lā tẖāf(i)!	mā tẖēfš!
šweyy-šweyy!	šweyy-šweyy!
bi-sur^{c}a!	zreb (zerbi)!
ḥalla!	dēba!
kammil (kammli)!	zīd!
marra tānya!	marra tānya!
ẖallīni !	fūtni!, ẖallīni!
lau kint ^{c}aref	lau kunt n^{c}allem!
yā rēt!	kūn!
mū hēk?, mazbūṭ wulla lā?	hēk?
bta^{c}ref(i) hāda?	^{c}ala bēlek?
ē ba^{c}ref	^{c}ala bēli

Deutsch	Ägyptisch
Was machen Sie heute?	bit^{c}amal(i) ē in-nahārda?
Können Sie...?	yimkin..., mumkin...?
Was wollen Sie?	^{c}auwiz (^{c}āyiz) ē?
Was ist los mit Ihnen?	fī ē?, ḥassal ē?
Können Sie das erledigen?	yimkin ta^{c}mil dē?
Ist das ein Problem?	fī muškila?
Kein Problem!	muš muškila
Das ist nicht normal!	muš ṭabī^{c}ī
Das ist merkwürdig.	ġarīb!
Das ist sehr gut.	gayyid giddan
Das ist sehr hübsch.	gamīl giddan
Das ist sehr wichtig.	hāda muhimm giddan
Das ist nicht so wichtig.	hāda muš muhimm
Wohin gehen Sie?	inta rāyiḥ (inti rayḥa) ^{c}ala fēn?
Woher kommen Sie?	inta (inti) tīgī minēn?
Können Sie herkommen?	mumkin tigi hina?
Ich komme zu Ihnen.	ana gay līk / ana ḥagy līk
Ich habe Sie gesucht.	dauwartak (dauwartik)
Aus welchem Land sind Sie?	inta (inti) min a(i)yy balad?
Aus welcher Stadt sind Sie?	inta (inti) min a(i)yya madīna?
Wo waren Sie?	kunt(ī) fēn?
Ich war im Kino.	kunt fī sīma
Ich habe etwas Angst. (f)	ana ẖāyif (ẖayfa) šwayy.
Bist du fertig?	ẖalaset (ẖalasti) ?
Einen Augenblick!	da'īye! lahza!
Ich komme gleich.	āgī
Kommst du später?	tīgī ba^{c}dēn?
Er kommt in 5 Minuten.	yīgī ba^{c}d ẖams da'āye
Sie kommt etwas später.	tīgī ba^{c}d šwaiyya
Ich kann nicht kommen.	mā a'darš āgī

Syrisch	Marokkanisch
šū bt^{c}amel(i) il-yōm?	šnu ġādi tedīr il-yōm?
mumkin...?, fīk(i)?	mumkin...?
šū baddak (baddik)?	šnu bġī?
šū bīk(i)?	mā lēk?
tinğiz hāl-amr i^{c}mel(i) ma^{c}rūf?	yimkin tedīr hāda-l-wāğib?
miškile?	wēš hādi muškila?
tikram(i)!	bleğmīl!, blēmzīya!
mā fīš miškile!	mā kēnš muškil!
hāda ġarīb	*c'est bizarre*!
hāda ^{c}azīm	mlīḥ(e)!
ḥelu (ḥelwa) ktīr!	ḥelu bezzēf!
hāda muhimm!	hāda muhimm (bezzēf)!
miš muhimm!	hāda miš muhimm, mēšī muhimm
trūḥ lawēn?	trūḥ lafēn?
btiği min wēn?	tiği min ēn?
fīk(i) tiği la-hōn?	yimkin tiği l-hnā?
biği la-ilak (ilik)	nğī illēk
fattašt ^{c}anak (^{c}anik)	fattēšt ^{c}annak
min ayy balad inte (inti)?	ešmēn blēd nta (nti)?
min ayye medīne inte?	ešmēn madīna nta (nti)?
wēn kint(e)?	wēn kunt?
kint fis-sinema	kunt fis-sīnema
^{c}andi šweyya ḫōf	ana ḫā'if(a)
ḫallas?	ḫalaṣ?, musta'id(a)?
da'īye!, lahza šwayy!	dēba, dagīga!
aği!	ḥani ğai!
btiği ba^{c}dēn (tiği min ba^{c}d)?	tği mēn ba^{c}d?
byiği ba^{c}d ḫams da'āye	yiği ba^{c}d ḫamsa dagā'ig
tiği ba^{c}d šweyya	tiği ba^{c}d šwīyya
mā bi'dir biği	mā nqederš nğī

Deutsch	Ägyptisch
Gefällt Ihnen ...?	^{c}agbitak (^{c}agbitik)?
Ja, sehr gut.	aywa, ẖalis
Alles klar?	kullu tamām?
Alles klar!	kullu tamām
Ja oder nein?	aywa wa la'a?
Du hast Glück!	inta mahzūz
In Wahrheit...	fil-haqīqa
Echt?	bi-gād?
Das kenne ich nicht.	dā, ana ma^{c}rafūš
Das weiß ich nicht.	dā, ana ma^{c}rafūš
Das habe ich nicht gewußt!	dā, ana ma^{c}riftūš
Damit habe ich nichts zu tun.	ana ma līš da^{c}wa
Ich habe... verloren.	ana hysert / day^{c}at...
... meinen Paß	... basbūri
... meine Brieftasche	... mahfazti
Haben Sie meine Brille gesehen?	šuft nadarti?
Was bedeutet das?	ayya ma^{c}na dā?
Wieviel kostet das?	bikam dā?
Wieviel kostet der Eintritt?	ad-diẖūl bikam?
Ich würde mir gern... ansehen.	ana nifsi ašūfu...
Gut, gehen wir!	*okay*, yalla bīna!
Was ist das...	ayy dā l'...
Was ist das für ein Gebäude /	ayya al-^{c}umāra dē?
Denkmal?	ayya an-nasb t-tizkari dā?
Darf man...?	mumkin ana...?
Kann ich...?	a'dar ana...?
Störe ich?	az^{c}ag?

Syrisch	Marokkanisch
ᶜağabak (ᶜağabik) ...?	wēš ᶜağbek...?
ktīr!	bezzēf!
kill šī tamām?	ṣāfi?, saiyyi? (*ça y est*)
ē naᶜm!	ēwā
mazbūṭ wulla lā?!	ē willa lā?!
terbaḥ!	terbaḥ!
bil-ḥa'īya	fil-ḥaqīqa
ᶜanğad?	bṣaḥ?
mā baᶜref hāda	mā ᶜarafš hāda
mā baᶜref hāda	mā ᶜarafš hāda
mā ᶜaraftš hāda	mā ᶜaraftš hāda
hāda mū šeġli!	hāda mēši šġul diyēli
faqadt...	deyyeᶜt...
... il-paspōr	... il-paspōr
... il-ğizdān	... il-bestām
šuft nazārti?	šift nazāra diyēli?
šū yaᶜne...?	ēš teᶜni hāda?
addēš ḥa'o (ḥa'a) ?	ēš-ḥāl hāda?
addēš it-tazkira/it-*ticket*?	bēš-ḥāl it-tīkī?
baddi šūf...	bġīt nšūf
ṭayyib, nimši!	ṣāfi, nimši!
šū ism...	ēš ism...
... il-binayye?	... il-bnāya?
... it-timsāl?	... it-tmsāl?
mumkin...?	mumkin?
mumkin...?	mumkin?
azᶜağ?	wāš tēn?

Deutsch		**Ägyptisch**

Kardinalzahlen

0	null	ṣifr
1	eins (f)	wāḥid (waḥda)
2	zwei	itnēn
3	drei	talāta
4	vier	arba^{c}a
5	fünf	ẖamsa
6	sechs	sitta
7	sieben	sab^{c}a
8	acht	tamanya
9	neun	tis^{c}a
10	zehn	^{c}ašara
11	elf	ḥidāšar
12	zwölf	itnāšar
13	dreizehn	talattāšar
14	vierzehn	arba^{c}tāšar
15	fünfzehn	ẖamastāšar
16	sechzehn	sittāšar
17	siebzehn	saba^{c}tāšar
18	achtzehn	tamantāšar
19	neunzehn	tisa^{c}tāšar
20	zwanzig	^{c}išrīn
21	einundzwanzig	wāḥid wi ^{c}išrīn
22	zweiundzwanzig	itnēn wi ^{c}išrīn
23	dreiundzwanzig	talāta wi ^{c}išrīn
24	vierundzwanzig	arba^{c}a wi ^{c}išrīn
25	fünfundzwanzig	ẖamsa wi ^{c}išrīn
26	sechsundzwanzig	sitta wi ^{c}išrīn
27	siebenundzwanzig	sab^{c}a wi ^{c}išrīn
28	achtundzwanzig	tamanya wi ^{c}išrīn
29	neunundzwanzig	tis^{c}a wi ^{c}išrīn

Syrisch	Marokkanisch
ṣifr	*zero*, ṣefr
wāḥid (waḥda)	wāḥid (waḥda)
tnēn	ğūğ, tnēn; zūğ (*Alg*)
tlēte/tlāte	tlēte
arbᶜa	rebᶜa
ẖamse	ẖemsa
sitte	setta
sabᶜa	sebᶜa
tmēne/tmāne	tmenya
tisᶜa	tesᶜud
ᶜašra	ᶜašra
iḥdāᶜš	ḥdāš
tnāᶜš	tnāš
tlittāᶜš	teltāš
arbatāᶜš	rbᶜtāš
ẖamstāᶜš	ẖemstāš
sittāᶜš	settāš
sabatāᶜš	sbaᶜtāš
tmintāᶜš	tmentāš
tisatāᶜš	tsaᶜtāš
ᶜašrīn	ᶜešrīn
waḥdu ᶜašrīn	wāḥd u ᶜašrīn
tnēnu ᶜašrīn	tnīn u ᶜašrīn
tlatau ᶜašrīn	tlēte u ᶜašrīn
arbᶜau ᶜašrīn	rebᶜa u ᶜašrīn
ẖamsau ᶜašrīn	ẖemsa u ᶜašrīn
sittau ᶜašrīn	setta u ᶜašrīn
sabᶜau ᶜašrīn	sebᶜa u ᶜašrīn
tmēnau ᶜašrīn	tmenya u ᶜašrīn
tisᶜau ᶜašrīn	tesᶜud u ᶜašrīn

Deutsch		**Ägyptisch**
30	dreißig	talātīn
40	vierzig	arbaᶜīn
50	fünfzig	ḫamsīn
60	sechzig	sittīn
70	siebzig	sabᶜīn
80	achtzig	tamānīn
90	neunzig	tisᶜīn
100	einhundert	mīya / mīt
200	zweihundert	mītēn
300	dreihundert	tultu mīya
1000	eintausend	alf Pl. ālāf
2000	zweitausend	alfēn
10000	zehntausend	ᶜašratalāf
100000	hunderttausend	mīt alf
1 Million		malyūn

Ordinalzahlen

1. der (die) erste	il-auwal (il-ūla)
2. der (die) zweite	it-tānī (it-tanya)
3. der (die) dritte	it-tālit (it-talta)
4. der (die) vierte	ir-rābiᶜ (ir-rabᶜa)
5. der (die) fünfte	il-ḫāmis (il-ḫamsa)
6. der (die) sechste	is-sādis (is-sadsa)
7. der (die) siebte	is-sābiᶜ (is-sabᶜa)
8. der (die) achte	it-tāmin (it-tamna)
9. der (die) neunte	it-tāsiᶜ it-tasᶜa)
10. der (die) zehnte	il-ᶜāšir (il-ᶜašra)

(Ab 11. entsprechen die Ordnungszahlen den Grundzahlen.)

zum ersten Mal	lil-auwal marra
zum zweiten Mal	lil-marrat it-tānya
erstens	auwalan
zweitens	tāniyan

Syrisch	Marokkanisch
tlatīn	tlētīn
ᶜarbaᶜīn	arbᶜīn
ẖamsīn	ẖamsīn
sittīn	settīn
sabᶜīn	sabᶜīn
tmānīn	tmēnīn
tisᶜaīn	tesᶜīn
mīye	mīya
mītēn	miyatēn
tlātmīye	teltmīya
alf, Pl. alāf	alf, Pl. alēf
alfēn	alfēn
ᶜašrat alāf	ᶜašrelēf
mīt alf	mīyat alf
malyōn	milyūn
il-auwal (il-ūla)	lūlāni, lūla
it-tānī (it-tānya)	tēnī, tēnya
it-tālit (it-talte)	tēlet, talta
ir-rābiᶜ (ir-rabᶜa)	rēbeᶜ
il-ẖāmis (il-ẖamse)	ẖēmes
is-sādis (is-sadse)	sēdes
is-sābiᶜ (is-sabᶜa)	sēbeᶜ
it-tāmin (it-tamne)	tēmen
it-tāsiᶜ (it-tasᶜa)	tēseᶜ
il-ᶜāšer (il-ᶜašra)	ᶜēšer
auwal marra	marra laule
marra taniya	marra tānya
auwal ši	auwel ḥāğa
tāni ši	tēni ḥāğa

Deutsch	Ägyptisch
Wie spät ist es?	is-sā^{c}a kām?
Es ist ein Uhr/um eins.	is-sā^{c}a waḥda
... zwei Uhr/um zwei.	... itnēn
... viertel nach sieben (7.15 Uhr)	... sab^{c}a wi rub^{c}
... halb drei.	... itnēn wi nuṣṣ
... viertel vor acht (7.45 Uhr)	... tamanya illa rub^{c}
Wann?	imta...?
um fünf (Uhr)	fis-sā^{c}a ẖamsa
5 (Minuten) nach 9	tis^{c}a wi ẖamsa
20 nach 9	tis^{c}a wi tilt
20 vor 9	tis^{c}a illa tilt
10 vor 9	tis^{c}a illa ^{c}ašara
kurz nach 6 (Uhr)	ba^{c}di sitta wi-šuwaiya
kurz vor 6 (Uhr)	'abli sitta bi šuwaiya
Montag	il-itnēn
Dienstag	it-talāt
Mittwoch	il-arba^{c}
Donnerstag	il-ẖamīs
Freitag	il-gum^{c}a
Sonnabend, Samstag	is-sabt
Sonntag	il-ḥad
Feiertag	^{c}īd
Wochenende	āẖir il-isbū^{c}
Den wievielten haben wir heute?	in-nahārda tārīẖ kām?
Heute ist der 1. März.	il-yōm wāḥid māris
Morgen ist Freitag.	bukra il-gum^{c}a
Gestern war Dienstag.	imbēriḥ kān it-talāt
am Tag, tagsüber	fin-nahār
am Morgen, morgens	iṣ-ṣubḥ, ṣabāḥan
am Vormittag, vormittags	'abl iḍ-ḍuhr
am Mittag, mittags	iḍ-ḍuhr
am Nachmittag, nachmittags	ba^{c}d iḍ-ḍuhr
am Abend, abends	fil-misā, bil-lēl
in der Nacht, nachts	bil-lēl

Syrisch	Marokkanisch
addēš (kam) is-sā^{c}a?	ēš-ḥāl fis-sā^{c}a?
s-sā^{c}a waḥde	es-sā^{c}a l-waḥda
... tintēn	... eğ-ğūğ
... tintēn ū nuṣṣ	... l-ğūğ u neṣ
... sab^{c}a ū rib^{c}a	... es-seb^{c}a wu rba^{c}
... tmēne illa rib^{c}a	... et-tmēnya ella rba^{c}
ayy sā^{c}a?	ēš min sā^{c}a?
s-sā^{c}a ẖamse	m^{c}a l-ẖamse
tis^{c}a ū ẖamse	tes^{c}ud ū ẖamse
tis^{c}a ū tilt	tes^{c}ud ū tult
tis^{c}a illa tilt	tes^{c}ud ġēr (/qall) tult
tis^{c}a illa ^{c}ašra	tes^{c}ud ġēr (/qall) ^{c}ašra
sitte ū šwayye	sitte ū šwīyya
sitte illa šwayye	sitte qall šwīyye
it-tnēn	l-etnīn
it-talāta	et-tlāt
l-arba^{c}a	l-arba^{c}
il-ẖamīs	l-ẖmīs
l-ğum^{c}a	eğ-ğem^{c}a
s-sabt	es-sebt
l-aḥad	l-ḥadd
^{c}iṭle	^{c}uṭla, *vacances*
āẖir il-usbū^{c}	*weekend*
addēš il-yōm biš-šahr?	ēš-ḥāl l-yōm?
l-yōm wāḥed (auwal) ādār	l-yōm auwal māres
bukra ğ-ğim^{c}a	ġedda eğ-ğum^{c}a
mbēreḥ kān it-talāta	l-bēreḥ kān et-tlāt
ṣ-ṣibeḥ, ṣabaḥan	fiṣ-ṣabāḥ, ṣabāḥan
bin-nhār, nahāran	bnhār
abl iḍ-ḍuhr	qabl iḍ-ḍuhr
ḍuhr, aḍ-ḍuhr	neṣ en-nhār, *midi*
ba^{c}d iḍ-ḍuhr	ba^{c}d iḍ-ḍuhr
l-masa, ^{c}āšīye	l-āšīyya
bil-lēl	fel-lēl

Deutsch	Ägyptisch
Januar	yanāyir
Februar	fibrāyir
März	māris
April	abrīl
Mai	māyū
Juni	yūnyu
Juli	yūlyu
August	aġu sṭus
September	sibtābir
Oktober	uktūbir
November	nufimbir
Dezember	dīsimbir
Frühling	rabī^c
Sommer	ṣēf
Herbst	ḫarīf
Winter	šitā
Tag	yōm Pl. ayyām
Woche	isbū^c Pl. asābī^c
Monat	šahr Pl. šuhūr / ušhur
Jahr	sana Pl. sinīn / ^{c}ām Pl. ^{c}awām
Jahrzehnt	^{c}a'd
Jahrhundert	qarn
Jahrtausend	alfīya
Anfang Januar	auwil yanāyir
Ende Februar	nihay(i)t fibrāyir
letztes Jahr	is-sana illī fātit
nächstes Jahr	is-sana il-gaiya
in zwei Monaten	ba^{c}di šahrēn
vor zwei Wochen	min isbū^{c}ēn
im ganzen Sommer	ṭūl iṣ-ṣēf
nur im Winter	fiš-šitā bass

Syrisch	Marokkanisch
kanūn at-tāni	ğanwyē (*janvier*) / yanā´ir
šbat	fiwrīyē (*février*) / febrā´ir
adār	māres
nisān	awrīl
ayyār	māyo
huzērān	yūniyu
tammūz	yūlyus
āb	ūt (*août*), ġošt
ailūl	septambir
tišrin il-auwal	oktōber
tišrin at-tāni	nofambar
kanūn al-auwal	disambar
rabī^{c}	rbē^{c}
ṣēf	ṣayf
ḫarīf	ḫrēf
šitā´	štā
yōm	yōm
usbū^{c}a, ğim^{c}a	*simāna* (*span*)
šahr	šhar
sanna	ṣanna
^{c}aqd	^{c}aqd
qarn	qarn
alfīye	alf ^{c}ām
bidāyet kanūn at-tāni	b(i)dāyat yanā´ir
nihāyat šbāt	n(i)yāhat febrā´ir
s-sinnet il-māḍīye	l-ām elli fēt
s-sinnet il-ğaye	l-ām elli mēği
ba^{c}d šahrēn	ba^{c}d šahrēn
abl tlēte asābī^{c}	(q)abl tlāte asābī^{c}
ṭūl iṣ-ṣēf	iṣ-ṣēf kullu
maftūḥ bass fi-š-šitā´	maḫlūl ġīr fi-š-štā

Deutsch	Ägyptisch
Wie alt sind Sie? (f)	^{c}umrak (^{c}umrik) kām?
Ich bin 30.	^{c}andi talātīn sana
Wann sind Sie geboren? (f)	inta (inti) min mawālīd kām?
Ich bin 1955 geboren.	ana min mawālīd ẖamsa wi ẖamsīn
Wann haben Sie Geburtstag? (f)	^{c}id il-mīlād bitā^{c}ak (bitā^{c}ik) imta?
Ich habe am 3. Juli Geburtstag.	^{c}id il-mīlād bitā^{c}ī fī talāta yūlyū
Er ist jünger als ich.	hūwa aṣġar minni
Sie ist älter als du. (f)	hīya akbar minnak (minnik)
Wartest Du schon lange?	inta mistanni min zamān?
Nein, bin gerade gekommen.	la'a, ana lissa gay
es ist noch Zeit	lissa fī waqt
heute	in-nahārda / il-yōm
gestern	imbēriḥ
morgen	bukra
übermorgen	ba^{c}di bukra
vorgestern	auwal imbēriḥ
jetzt	dilwa'tī
später	ba^{c}dēn
bald	'uraiyib
früh	badrī
oft	marrāt kitīra
selten	marrāt 'alīla
immer	daiman / tamallī
manchmal	aḥyānan
meistens	fil-ġālib
pünktlich	badri
täglich	kulli yōm
den ganzen Tag	kull il-yōm
nächste Woche	al-isbū^{c} al-gay
voriges Jahr	as-sana illi fātit
in einem Monat	fī ẖilāl šahr

Syrisch	Marokkanisch
addēš ^{c}imrak (^{c}imrik)?	ēš-ḥāl fī ^{c}umrak?
^{c}imri tlātīn sinne	^{c}umri tlētīn ^{c}ām
fī ay sinne wulēdt(i)?	emta tulidt?, emta zēdti?
wulidt fī ẖamsau ẖamsīn	zayed fī sennat miya (w)u arba^{c}īn
ēmta ^{c}aid mīlādak (mīlādik)?	emta ^{c}īd milādak?
^{c}aid mīlādi fi tnēn tammūz	^{c}īd milādi tnēn (min) yūlyus
hūwe asġar minni	hūwe ṣġīre menni
hīye akbar minni	hīye kbīr menni
intazart ṭūl il-midde?	tsinnīt mudda ṭwīla
lā, ğīt abl šwayye	lā, ^{c}ād wṣalt
lissa bakkīr	mā zāl il-ḥāl
l-yōm	l-yōm
mbēreḥ	mbrēḥ
bukra	ġadda
ba^{c}d bukra	ba^{c}d ġadda
auwalt mbēreḥ	wal-bēreḥ
halla	dēba
ba^{c}dēn	mēn ba^{c}d
ba^{c}d šwayy	ba^{c}d šwīyya
bakkīr	bikri
ġāliban	ktīr
nādiran	marra marra
dayman	dīma
aḥyānan	aḥyānan, marra marra
^{c}al aktar	dīma
^{c}al-wa't	fel-waqt
lissa	mā zāl
kill yōm	kull yōm, yaumīyan
kill il-yōm	kull il-yōm
ğ-ğim^{c}a iğ-ğaye	is-sīmāna il-ğaye
ba^{c}d šahr	ba^{c}d šhar

Deutsch	Ägyptisch
Ich möchte Sie einladen.	ana ^{c}auwiz a^{c}zimak.
Wann haben Sie Zeit?	^{c}andak wa't imtā?
Haben Sie morgen Zeit?	^{c}andak wa't bukra?
Paßt es Ihnen ein andermal?	yinasbak wa't tāni?
Kommen Sie (f)...	ta^{c}āla (ta^{c}ālī)
... um 8 ins Hotel	... s-sā^{c}a tamānya lil-ōtīl
... um 9 zu mir nach Hause	... s-sā^{c}a tis^{c}a ^{c}al-bētī
Ich komme zu dir um 7 Uhr.	āgī s-sā^{c}a sab^{c}a līk
Wo können wir uns treffen?	mumkin nit'abbil fēn?
Um 11 vorm Museum.	nit'abbil 'uddām l-matḥaf.
Treffen wir uns an der Rezeption?	nit'abbil ^{c}and il-ist'bāl?
Lieber am Bahnsteig 11.	raṣīf ḥidāšar aḥsan
Warten Sie im Hotel auf mich!	stannāni fil-ōtīl!
Ich erwarte Sie gegen 10 Uhr.	istannak fis-sā^{c}a ^{c}ašra
Bring (f) Deine Freunde mit!	gīb(ī) iṣḥābak (iṣḥābik) ma^{c}ak (ma^{c}ik)!
Geben Sie mir Ihre Adresse!	iddīni ^{c}inwānak!
Wie ist Ihre Telefonnumer?	nimrit tilīfonak kām ?
Vielen Dank für die Einladung!	šukran li da^{c}auwa!
Ich kann leider nicht kommen.	mā a'darš āgī lil-asaf iš-šidīd
Ich habe heute keine Zeit.	lil-asaf ma ^{c}andīš wa't
Ich habe nächste Woche Zeit.	^{c}andī wa't il-isbū^{c} il-gaiy
Ich komme etwas später.	āgī ba^{c}di šuwaiya
Wo warst du so lange?	kint fēn?!
Ich habe auf dich (f) gewartet.	ana kunt mistannīk (mistannikī)
Warum sind Sie nicht gekommen?	mā gētši (gētīš) lē?
Ich habe ... nicht gefunden.	ma la'itš...
Ich habe mich leider verspätet.	it'aẖẖart lil-asaf iš-šidīd.
Entschuldigen Sie die Verspätung!	^{c}afwan lit-tāẖīr

Syrisch	Marokkanisch
baddi i^{c}raḍ lak	bġīt n^{c}raḍ ^{c}līk
emta ^{c}andak wa't?	ēmta ^{c}andak waqt?
^{c}andak wa't bukra?	^{c}andak waqt ġadda?
binasbak ġēr marra?	yōm aẖar mizyān / muwāti?
ta^{c}āl...	ta^{c}āl...
... s-sā^{c}a (it-)tāmina lal-ōtēl	... s-sā^{c}at tmāne l-ōtēl
... s-sā^{c}a tis^{c}a la bēti	... s-sā^{c}at tis^{c}a l-dāri
aği la bētak s-sā^{c}a sāb^{c}a	nği illa dār diyēlak s-sab^{c}a
wēn mnilta'a?	wēn netlagu?
s-sā^{c}a iḥdāš amām-il-matḥaf	s-sā^{c}at iḥdāš amām-l-matḥaf
minšūf ba^{c}ḍna fi istiqbāl l-fundu'?	nšūfu ba^{c}ḍna fī istiqbāl il-ōtēl?
aḥsan amām raṣīf ẖamstāš	nfaḍḍal ^{c}and raṣīf ẖamstāš
stannāni bil-ōtēl!	stannānni fl-ōtēl!
bintizrak ḥawāli s-sā^{c}a ^{c}ašra	nestannak s-sā^{c}at ^{c}ašra
ğīb iṣḥābak ma^{c}ak!	iḥḍar aṣḥāb diyēlak!
^{c}aṭīni ^{c}inwānak (^{c}inwānik)!	ğībli ^{c}unwānak (^{c}unwānik)!
šū nimrak it-tilifōn?	ēš raqm it-telefōn diyēlak?
šukran ^{c}ala ad-da^{c}wa!	šukran ^{c}ala ad-da^{c}wa!
mā bi'dir biği ma^c il-asaf	mā nqederš nği lil-asaf
mā ^{c}andi wa't il-yōm	mā ^{c}andiš waqt il-yōm
^{c}andi wa't fil-ğum^{c}a il-ğaye	^{c}andi waqt fis-simāna il-ğaye
aği ba^{c}d šwayye	aği ba^{c}d šwīyye, ḥāni ğay!
wēn kint ṭūl hāl-midde?	wēn kunt kull il-waqt?
ana ntizartak sā^{c}a	stinnītak / qraḥt hadi sā^{c}a
lēš mā ğīt?	(a)^{c}lēš mā ğītš?
mā wağadt (il-...) ...	mā tlegina...
mā dirt iği abl	ma qdartš nği fel-waqt lil-asaf
ta'aẖart ma^c il-asaf	^{c}afwan lit-tāẖir!

Deutsch	Ägyptisch
Ich habe nur wenig Zeit.	^{c}andi wa't 'alīl bass
Ich muß jetzt gehen.	lāzim arūḥ dilwa'ti
Es ist schon spät.	il-wa'at mit'aẖẖar
Bleib doch noch etwas!	ẖallīk(i) ma^{c}na šuwaiya
Es ist noch früh.	lissa badrī
Ich habe noch viel zu tun.	^{c}andi šuġl kitīr
Ich habe eine Verabredung.	^{c}andi mau^{c}id
Hast du noch einen anderen Termin?	^{c}andak (^{c}andik) mī^{c}ād tāni?
Rufen Sie mich morgen an!	iḍrab(ī) li-tilifōn bukra!
Nein, nicht nötig.	la'a, muš ḍarūrī
Keine Umstände!	bidūn taklīf!
Wer ist da? (Sprechanlage)	mīn?
Ahmed wohnt hier nicht.	Aḥmad mā sākin hinā
Ist Fatima zu Hause?	Fāṭima maugūda?
Sie ist gerade weggegangen.	lissā rāyḥa dilwa'tī
Er ist umgezogen.	^{c}azzil
Kommen Sie noch einmal wieder!	fūt marra tānya!
Ich komme wegen...	āgī ^{c}ašan...
Ich möchte mit... sprechen.	ana ^{c}auwiz akallim...
Bitte, treten Sie ein! (f)	itfaḍḍal(ī), udẖul(ī)
Nehmen Sie Platz!	itfaḍḍal(ī) , staraiyaḥ(ī)
Ich (f) freue mich, Sie (f) zu sehen.	ana mabsūṭ(a) ẖālis ašūfak (ašūfik)
Es hat mich sehr gefreut.	šarraftinā
Schön, daß Sie gekommen sind.	ya šarrafna inna gēt
Ich habe Sie (f) lange nicht gesehen.	min zamām mā šuftak(ī)š
Rauchen Sie? (f)	bidaẖẖan(ī)?
Nein danke, ich rauche nicht.	lā šukran, mā bidaẖẖanš
Fühlen Sie sich wie zu Hause! (f)	bētinā bētak (bētik)
Es war ein sehr schöner Abend.	šarraftinā

Syrisch	Marokkanisch
^{c}andi wa't alīl bass	mā ^{c}andīš waqt bezzēf
lāzim arūḥ halla	ḫassni rūḥ dēba, mā bqāš li waqt
ḥān il-wa't	mšā l-ḥāl
ḫallīk(i) ma^{c}na šuwaiy!	bqa daqīqa!
lissa bakkīr	mā zāl il-ḥāl
^{c}andi šiġl ktīr	ana mašġūl bezzēf
^{c}andi mau^{c}id / wa^{c}d	^{c}andi mau^{c}īd / *rendez-vous*
^{c}andak mau^{c}id āḫar?	^{c}andak mau^{c}id āḫar?
^{c}amilli tilifōn bukra!	dīr telefōn ġadda!
lā, mū ḍarūri	lā, miš lāzim
lā tġalleb (f tġallbi) ḥālak (ḥālik)!	lā tkellefš rāsak!
mīn?	škūn?
Aḥmad mū sākin hōn	Aḥmed mā sākēnš hnā
Fāṭima bil-bēt?	Fāṭ(i)ma fid-dār?
halla rāḥt	yallāh mšāt
nta'al	tḥaul
irğa^{c} ġēr marra!	irğa^{c} marra uḫra!
ğāye mšān.../ b-nisbe l-...	ğīt bēš (sprich: bäsch) ...
baddi iḥki ma^{c}...	bġīt ntkallam ma^{c}a...
tafaḍḍal(i), udḫul(i)!	lel-gdām!, tdḫul(i), tfaḍḍal(i)!
tfaḍḍal strīḥ!	istrīḥ!
mabsūṭ b-šoftak	marḥaba bīk!
šarraftuna!	šarraftuna!, *Enchanté*!
mniḥ illi iğit!	ahlan wa sahlan!
min zamān mā šiftak	hāda mudda mā šuftakš
bitdaḫḫin?	tdaḫḫin?
lā, šukran, mā bdaḫḫin	lā, šukran, mā kandaḫḫinš
bēti bētak!	bēti bētak!
kānt sahra ḥilwe	kānet umsīya mlīḥa

Deutsch	Ägyptisch
Ich gebe Ihnen meine Adresse.	addīk ^{c}inwāni
Gib mir deine Telefonnummer!	iddīni nimrit tilīfōnak!
Bis bald! (f)	ašūfak (ašūfik)!
Ein anderes Mal vielleicht.	yimkin ġēr marra
Vielleicht nächste Woche.	rubbama fil-isbū^{c} il-gaiy
Ramadan	ramaḍān
großes Opferfest	^{c}īd il-aḍḥā
kleines Opferfest	^{c}īd il-fiṭr
Geburtstag des Propheten	il-mūlid
Weihnachten	^{c}īd milād
Silvester/Neujahr	ra' s is-sana il-gidīda
Ostern	^{c}īd il-fasḥ
Geburtstag	^{c}īd milād
Pilgerfahrt	ḥagg
Herzlichen Glückwunsch!	ma^{c} agmal at-tahāny!
Frohes Fest!	^{c}īd sa^{c}īd!
Alles Gute im Neuen Jahr!	kulli ^{c}ām wintū biḫēr!
Viel Glück!	hazz sa^{c}īd!
Viel Erfolg!	tamanyāti bin-nagāḥ!
Wann beginnt der Ramadan?	imta yibtidi šahr ramaḍān?
Das Fasten endet um 7.15 Uhr. (viertel nach sieben / viertel acht)	il-ifṭār fis-sā^{c}a sab^{c}a wi rub^{c}
Hier ist Kopftuch Pflicht.	il-ḥigāb wāgib hina
Sind Sie Moslem? (f)	inta (inti) muslim(a)?
Nein, ich bin Christ(in).	la'a, ana maṣīḥī(masīḥīya)
Ich bin...	ana...
... Sunnit / Schiit	... sunni / šī^{c}ī
... Maronit	... marūni
... Buddhist	... buzzi

Syrisch	Marokkanisch
tfaḍḍal, ^{c}unwāni	ha l^{c}unwān diyēli
^{c}aṭīni ^{c}unwānak, lau samaḥt!	ēš(nū) nimra telefōn diyēlak?
bšūfak!	mēn ba^{c}d, illa ḥīn!, *A bientôt*!
ġēr marra, inšallah!	marra ḫrā, inšallah!
rubbama ğ-ğum^{c}a il-ğaye	s-simāna (i)lli ğaye, inšallah!
ramaḍān	remaḍān
^{c}aid il-aḍḥa	^{c}īd l-aḍḥa
^{c}aid il-fitr	^{c}īd l-fiṭr
^{c}aid al-mūlid in-nabawi	^{c}īd l-mūlid in-nabawi
^{c}aid il-milād	nu´el (*noël*)
rās is-sinne	rās is-sanna
l-fiseḥ	l-fisaḥ, *pâques*
yōm il-milād	yōm l-milād, *l'anniversaire*
ḥāğ / ^{c}umra (kleine Pilgerfahrt)	ḥāğ / ^{c}omra
mabrūk!, *Mille* mabrūk! (*Lib*)	mabrūk!
^{c}aid sa^{c}īd!	^{c}aid sa^{c}īd!
kull ^{c}ām wa inte bi-ḫēr!	kull ^{c}ām winte bi-ḫēr!
ḥaẓẓan sa^{c}īdan!	terbaḥ!, *Bonne chance!*
kull nağāḥ!	kull nağāḥ!
cmta byibda ir-ramaḍān?	waqtēš yibda ir-remḍān?
nihāyat iṣ-ṣōm fi sab^{c}a u rub^{c}	nihāyat iṣ-ṣōm s-sā^{c}a sab^{c}a wa rbu^{c}
il-ḥiğāb lāzim hōn	il-fulār / l-ḥiğāb lāzim hōn
inte muslim?	inta meslim?
lā, ana masīḥi (masīḥīya)	lā, ana masīḥi (masīḥīya)
ana...	ana...
... sunni / šī^{c}i	... sunni / šī^{c}i
... marūni	... marūni
... buddi	... buddi

Deutsch	Ägyptisch
Es ist...	il-gau / id-dinya
... heiß.	... ḥarr
... warm.	... ḥarr
... kalt.	... bard
... stürmisch.	fī ᶜaṣfa
... neblig.	fī ḍabāb
Es schneit.	it-talg nāzil
Es regnet.	id-dinya bitmaṭṭar
Es ist windig.	fī hawā
Die Sonne scheint.	iš-šams ṭalᶜa
Morgen gibt es schönes Wetter.	bukra il-gau kuwaiyis
Wieviel Grad sind heute?	daragit il-ḥarāra il-yōm kam?
... Grad im Schatten.	... daraga fiḍ-ḍill
Minus... Grad.	... daraga taḥt iṣ-ṣifr
Wann ist der Wetterbericht?	in-našra il-gauwīya imtā?
Das Klima ist angenehm.	al-manāẖ murīḥ
Der Winter ist nur kurz.	iš-šitā aṣīr
Nächste Woche wird es besser.	il-gau aḥsan fil-isbūᶜ il-gay
Letzte Woche war ein Sturm.	il-isbūᶜ illī fāt kānit ᶜaṣfa
Bald gibt es ein Gewitter.	'uraiyib ᶜaṣfa raᶜadīya
In der Wüste ist es nachts kalt.	bil-lēl il-gau bārid fiṣ-ṣaḥra
Die Sonne ist sehr stark.	iš-šams auwī kitīr
Gehen Sie in den Schatten!	rūḥ(ī) ᶜalaḍ-ḍill
Haben Sie einen Regenschirm?	ᶜandak šamsīya?

Syrisch	Marokkanisch
ṭ-ṭa’s...	iṭ-ṭaqs ...
... šōb (ktīr)	... sẖōn
... ḥār	... ḥāmi, mizyēn
... bard	... bēred
fī rīḥ / ^{c}āṣifa	kē´in ^{c}āṣifa
fī ḍabāb	... ḍbāb
fī talğ	... talğ
^{c}am bšaṭṭi	... šta
fī hawā	... ir-rīḥ
ṭal^{c}a š-šams	... šams
bukra ṭa’s mnīḥ	ṭaqs ġadda mlīḥ
kam darağe il-yōm?	ēšḥāl min darağe l-yōm?
l-ḥarāra ... darağe fiz-zill	... darağa fiḍ-ḍall
... darağe taḥt iṣ-ṣifr	... darağa taḥt is-sifr
emta in-našra ğ-ğauwīye?	waqtēš aẖbār iṭ-ṭaqs?
il-manāẖ / il-ğau murīḥ	iṭ-ṭaqs mu^{c}tadil / mlīḥ
(i)š-šitā´ bass aṣīr	iš-šitā´ qṣīr
iğ-ğau aḥsan iğ-ğum^{c}a ğ-ğaye	iṭ-ṭaqs ḥsan s-simāna ğaya
kānet zōba^{c}a biğ-ğum^{c}a l-māḍīye	kānet ^{c}āṣifa s-simāna l-māḍīya
fi ^{c}aṣfe ba^{c}d šwayye	kē´in(a) ^{c}āṣifa ba^{c}d šwīyya
bil-lēl bard fiṣ-ṣaḥrā´	l-lēla kē’in l-bird fiṣ-ṣaḥrā’
iš-šams auwīye ktīr	iš-šams qwīya bezzēf
ruḥ ^{c}a-ẓ-ẓill!	rūḥ l-ḍall!
^{c}andak šamsīye?	^{c}andak mḍalla?

Deutsch	Ägyptisch
Wo ist die Botschaft von...?	safārat... fēn?
Ich suche die Meldestelle für Ausländer.	maktab il-vīsa lil-agānib fēn?
Ich brauche ein Visum für...	ana ^{c}āyiz / ^{c}auwiz vīsa li...
... eine Aufenthaltsgenehmigung.	... taṣrīḥ il-iqāma
Ich möchte meine Aufenthaltsgenehmigung verlängern lassen.	^{c}auwiz tamdīd taṣrīḥ il-iqāma bitā^{c}ī
Ich möchte ein Touristenvisum...	^{c}auwiz tāšīrit is-siyāḥa...
... für drei Wochen	... li-muddit talatt asābī^{c}
... für einen Monat	... li-muddit šahr
... für drei Monate	... li-muddit talatt ušhur
... für ein Jahr	... li-muddit sana
... einfache Einreise	... duḫūl wāḥid
... mehrfache Einreise	... safarāt muta^{c}adida
Ich brauche ein Transitvisum.	^{c}āyiz tāšīrit-^{c}ubūr
Ich brauche ein Geschäftsvisum.	^{c}āyiz tāšīra tigārīya
Wieviel Paßbilder brauche ich?	^{c}āyiz kām ṣūra šamsīya?
Wieviel kostet das Visum?	il-vīsa bikām?
Geben Sie mir ein Visa-Formular!	iddīnī istimārat vīsa min faḍlak!
Gibt es ein Visum am Flughafen?	fī visa fil-maṭār?
Ist das der Ausreisestempel?	dē ḫatm il-ḫurūg?
Notwendig ist ein Paß...	lāzim basbūr...
... für die deutsche Nationalität	... lil-ginsīya almānīya
... gültig über 6 Monate hinaus	... ṣāliḥ li-muddit sittit ašhur
... ohne israelischen Stempel	... bidūn ḫatm isra'īlī
Wo ist mein Paß?	il-basbūr bitā^{c}ī fēn?
Ich habe meinen Paß verloren.	ḍayya^{c}t basbōr bitā^{c}ī
Mein Paß wurde gestohlen.	sara'ūlī basbōr bitā^{c}ī
Ich möchte die deutsche Botschaft anrufen.	^{c}āyiz akallim ma^{c}as-sifārat almānya
Was ist der Grund Ihres Aufenthaltes in...?	sabab il-iqāma fi... ē?

Syrisch	Marokkanisch
wēn safārat...?	fēn sifāra...?
wēn ism al-visa lil-ağānib?	fēn qism l-visa diyēl-l-ağānib?
lazimni visa li...	nẖassi visa li...
... biṭā'et ikāme	... biṭāqat iqāma
ğayye nišān tamdīd il-ikāme	bġīt tamdīd l-iqāma
baddi visa siyāḥa...	bġīt visa *touriste*...
... li tlētē asābī^{c}	... li tlāte diyēl is-simānāt
... li šah(a)r	... li šhār
... li tlet-ušhur	... li tlāte ašhur
... li sanna waḥde	... li senna waḥda
... li safra wāḥida	... li safr / *voyage* waḥde
... li ^{c}iddat safrāt	... li bezzēf diyēl tsafirāt
lazimni visa transīt	bāġi visa transīt
lazimni visa bizness	bāġi visa biznēss
lazimni addēš ṣuwar lil-visa?	ēšḥāl diyēl s-ṣuwar darūrīya?
addēš il-visa?	ēš-ḥāl l-visa?
^{c}aṭīni istimāra visa!	^{c}aṭīni warqat diyēl il-visa!
fı visa fil-maṭār?	kē'in visa bil-maṭār?
hāda ẖitm il-ẖurūğ?	wēš hāda ẖatm l-ẖurūğ?
lazim(nak) ğawāz is-safr / pasbōr	lāzim pasbōr...
... lil-ğinsīya il-almānīya	... diyēl ğinsīya l-almanīya
... ṣaleḥ li sitt-ušhur	... ṣaliḥ li sitt šhur
... bidūn ẖatm isra'īli	... bla ẖatm isra'īli
wēn paspōri?	fēn ğawāz is-safr diyēli?
faqadt paspōri	faqadt pasbōr diyēli
suri'atni paspōri	sreqni pasbōr diyēli
baddi iḥki ma^{c} s-sifārat almāniya	bġīt ntkallam ma^{c} s-safārat almānya
šū sabab il-ikāme bī.. ?	ēš hadaf il-iqāma fī...?

Deutsch	Ägyptisch
Wo werden Sie wohnen?	inta nāzil fēn?
Wo werden Sie arbeiten?	btištiġl fēn?
Haben Sie etwas zu verzollen?	ᶜandak ḥāga lil-iqrār?
Nein, nichts.	la'a, wā la ḥāga
Wo ist die Zollkontrolle?	it-taftīš il-gumrukī fēn?
Wo kann ich die Ausreise - gebühr bezahlen?	fēn mumkin adfaᶜ id-darība?
Das Visum ist...	il-vīsa...
... ungültig / abgelaufen.	... muš ṣāliḥ
... nicht verlängerbar.	... bidūn (imkānīyat) tamdīd
Reisen Sie allein?	tsāfir waḥdak?
Meine Frau kommt nächste Woche.	zōgtī tigi il-isbūᶜ il-gay
Sind Sie zum ersten Mal in...?	inta li-auwal marra fī...?
Ich war (schon) zweimal in...	kunt marratēn fī...
Wie lange bleiben Sie in...?	tib'a fi... 'addi ē?
Ich bleibe fünf Wochen in...	ḥab'a ḫamst asābīᶜ fī...
Ich bleibe zuerst eine Woche in ... und dann drei Tage in...	fil-auwal ḥafḍal isbūᶜ fī... wa baᶜdēn talat ayyām fī...
Wo sind Sie eingereist?	wiṣilt fēn?
Über den Flughafen Beirut.	ᶜan ṭarī' bērūt
Wo werden Sie ausreisen?	hatiġādir min ēn?
Haben Sie hier Bekannte?	ᶜandak maᶜārif?
Nein, ich kenne niemanden.	lā, maᶜrafš aḥad
Waren Sie schon einmal in Israel?	kunt abl kida fi isra'īl?
Nein, noch nie.	lā, abadan
Könnten Sie bitte...?	mumkin...?
Das habe ich nicht gewußt.	mā ᶜaraftiš dē
Das ist nicht meine Schuld.	dē muš zanbī

Syrisch	Marokkanisch
wēn nāzil...?	fēn ġādi tskun?
wēn bištaġil...?	fēn ġādi t(i)štaġel?
lazimnak iqrār ğumruki?	tibġi t(u)^{c}allin baḍāya?
la, wa la šī	lā, wālu
wēn taftīš / al-ğumruk	fēn id-diwāna / t-taftīš?
wēn mumkin adfa^{c} rasm il-ẖurūğ?	fēn n(i)dfa^{c} id-diwāna?
il-visa...	l-visa...
... mū ṣāliḥ(a)	... mēši ṣāleḥ(a)
... bidūn tamdīd	.. blā tamdīd
tsāfir wāḥdak / la ḥālak?	tsāfer wāḥdak?
tiği mārti ğ-ğum^{c}a il-ğaye	ġādi tği zōğti s-simāna ğ-ğaye
inte auwal marra fil-kuwēt?	inte auwal marra fil-kuwēt?
kint marratēn fil-maġrib	kunt ğūğ marrāt fil-muġrib
addēš (min il-wa'ʾt) tib'a fi...?	ēšḥāl muddat iqāmak fī ...?
ib'a ẖamse asābī^{c} fi...?	ġādi nbqa ẖamsat simānāt fī...?
ib'a auwalan usbū^{c} fi... ū	ġādi nbqa simāna fi... wa
ba^{c}dēn tlētē ayyām fi...	ba^{c}dēn telt ayyām fi...
wēn daẖalt il-bilād?	fēn daẖalt il-blēd?
fī maṭār bērūt	bi maṭār bērūt
wēn makān il-ẖurūğ?	fēn msāfer?
^{c}andak hōn ^{c}aqārib?	^{c}andak ahl hnā?
lā, mā ba^{c}aref aḥad hōn	lā
kint fī isra'īl?	kunt fī isra'īl?
lā, abadan	lā, abadan
mumkin...?	mumkin...?
mā ^{c}araftš hāda	mā ^{c}araftš hād(a)
hāda mū zambi	ana mēši ġālēṭ

Deutsch	Ägyptisch
Rufen Sie die Polizei!	itessil bil-būlīs!
Wo ist die Polizeistation?	'ism šurṭa / 'ism al-būlīs fēn?
Wo ist die Touristenpolizei?	šurṭit is-siyāḥa fēn?
Hilfe!	nagde!
Ich möchte ... melden.	ana ^{c}āyiz ablaġ...
... einen Unfall	... ^{c}an ḥadsa
... einen Diebstahl	... ^{c}an sir'a
... einen Raubüberfall	... ^{c}an ḥādis saṭu
Ich wurde überfallen.	agamuni
Mein Pass / Geld ist weg.	basbūri / flūsi rāḥit
Mein Auto wurde gestohlen.	^{c}arabiti itsar'it
Ich möchte Anzeige erstatten.	ana ^{c}āyiz abalaġ šakwa
Ich bin unschuldig.	ana bari'
Ich habe nichts getan.	ana mā ^{c}amaltīš ḥāga
Ich habe nichts gesehen.	ana mā šuftiš ḥāga
Ich habe niemanden gesehen.	ana mā šuftiš iḥad
Schreiben Sie Ihre Adresse auf!	iktib ^{c}inwānak lau samaḥt!
Zeigen Sie Ihre Meldebescheinigung! (Wohnung)	warrīni ^{c}a'd aš-ša'a!
Kennen Sie diesen Mann?	ti^{c}raf ar-ragil dā?
Ich kenne die Frau nicht.	ana mā ^{c}arafš as-sitt dē?
Ich habe keinen Zeugen.	mā ^{c}andīš šāhid
Ich war den ganzen Tag im Hotel.	ana kunt ṭūl an-nahār fil-fundu'
Dort war ich nicht.	ana mā kuntiš hināk
Das weiß ich nicht.	mā ^{c}arifš
Ich weiß gar nichts.	mā ^{c}arifš ayy ḥāga
Das stimmt nicht!	dā miš mazbūṭ!
Ich will einen Anwalt sprechen.	^{c}āyiz akallim muhāmi
Ich will meinen Anwalt anrufen.	^{c}āyiz aṭlub al-muhāmi
Sprechen Sie Englisch?	bitkallim inglīzi?
Schreiben Sie das bitte auf!	iktib dā lau samaḥt!
Kann ich Ihren Chef sprechen?	mumkin akallim al-mudīr biṭā^{c}ak?
Das ist für Ausländer verboten!	mamnū^{c} lil-agānib!
Kann ich jetzt gehen?	mumkin amši del-wa'ati?

Syrisch	Marokkanisch
iǧlib(i) il-bolīs / iš-šurṭa!	dīr telefōn l-būlīs!
wēn iš-šurṭa?	fēn kumisāriya?
wēn šurṭa is-siyāḥa?	fēn l-būlīs diyēl s-siyāḥa?
daḫilkon!	naǧde!
brīd ablġ il-būlīs bi-ḫuṣūṣ...	kān(et)...
... ḥadīs sayyāra	... ksīda (*accident*)
... sir'a	... ṣarqa
... šafra	... šafra
suri'tuni	sreqni
dawa't il-baspōr / il-flūs	ḫtaf liya l-paspōr / l-flūs
iḫtafat sayyārati	ḫtaf sayyāra diyēli
brīd bqaddim šekwa	bġīt nqaddem šakwa
ana bari	ana bari
mā ^{c}amalt šī	mā dert wālu
mā šift šī	mā šeft wālu
mā šift ḥāda	mā šeftš
iktib(i) ^{c}inwānak (^{c}inwānik)!	iktib(i) l-^{c}unwānak diyēlek!
(f)arǧīni wara' il-ikāme /	wrrīni l-pirmi *de résidence* /
šahādat il-manzil	šahādat is-sukna
bta^{c}aref hāz-zalameh?	ta^{c}ref hād r-raǧul?
mā ba^{c}aref hāl-marra	mā ^{c}arafš hād l-mra
mā ^{c}andi šāhid	mā ^{c}andīš šāhed
kint kill il-yōm bil-ōtēl	kunt ṭūl-il-yōm fil-ōtēl
mā kint hōnīk	mā kuntš lhīh
mā ba^{c}aref hāda	mā ^{c}araftš hāda
mā ba^{c}aref šī	mā ^{c}aref wālu
hāda mū ṣaḥīḥ!	hāda māši ṣḥīḥ!
biddi muhāmi!	bġīt muhāmi / awukā! (*avocat*)
biddi bi'aḥki ma^{c} muhāmi!	bġit ntkellem ma^{c} l-muhāmi!
btaḥki inglīzi?	katkallem inglīzi?
iktib hāda!	ktebha liya!
mumkin fīye iḥki ma^{c} il-mudīr?	mumkin ntkallem ma^{c} a š-šēf?
hāda mamnū^{c} lil-aǧānib!	hāda mamnū^{c} lil-aǧānib!
mumkin amši halla?	mumkin nmši dēba?

Deutsch	Ägyptisch
Zum Flughafen, bitte!	ᶜal-maṭār, min faḍlak!
Wo ist das Flughafenhotel?	ōtīl il-maṭār fēn?
Wie lange dauert es mit dem Taxi bis zum Flughafen?	ir-riḥla bil-taksi ᶜalal-maṭār tāẖud 'addi ē?
Gibt es einen Flughafenbus?	fī utubīs lil-maṭār?
Wo ist der Bus ins Zentrum?	il-utubīs ᶜala wasṭ il-balad fēn?
Wo ist der Transitbereich?	'ism il-tranzīt fēn?
Wo ist der Lufthansa-Schalter?	šibbāk *Lufthansa* fēn?
Wann öffnet der Schalter von Austrian Airlines?	imta yiftaḥ šibbāk *Austrian Airlines*?
Gibt es eine Verspätung?	iṭ-ṭayāra mit'aẖira?
Ich möchte ein Ticket nach...	ᶜāuwiz tazkira / tikkit la...
Was kostet ein Return-Ticket?	rāyiḥ gayy bikām?
Wann fliegt die Maschine nach...?	imta bitsāfir iṭ-ṭayāra ᶜala...?
Gibt es heute noch eine Maschine nach Frankfurt?	fī ṭayāra ᶜal *Frankfurt* il-yōm?
Alle Flüge sind ausgebucht.	mā fīš kursī fāḍī
Wann ist der nächste Flug nach...?	imta bit'ūm aṭ-ṭayyara at-tānya ᶜala...?
Gibt es eine Flugverbindung von Damaskus nach Aleppo?	fī ẖuṭūṭ gauwīya min dimašq ᶜal ḥalab?
Ich brauche zwei Tickets nach...	ᶜauwiz tazkaratēn ᶜala...
... Economy nach Berlin	... daraga siyyāḥa ᶜala berlīn
... First Class nach Dubai	... daraga ūla ᶜala dubayy
Bitte einen Platz...	maḥall wāḥid lau samaḥt...
...Raucher	... lil-mudaẖẖinīn
...Nichtraucher	... li-ġēr il-mudaẖẖinīn
... am Fenster	... kursī gānib iš-šubāk
... am Gang	... ganib
... in der Mitte	... fil-wasaṭ
... vorne	... fil-ammām
... hinten	... fil āẖir iṭ-ṭayāra
Bitte zwei Plätze nebeneinander!	maḥallēn ganb baᶜḍ
Wie lange dauert der Flug?	ir-riḥla tāẖud 'addi ē?

Syrisch	Marokkanisch
ᶜal-maṭār!	ᶜal-maṭār!
wēn ōtēl il-maṭār?	fēn ōtēl diyēl-l-maṭār?
addēš biṭauwel bit-taksi ᶜal-maṭār?	šḥāl yidīr taxi l-maṭār?
fī bāṣ il-maṭār?	kē'in tōbīs l-maṭār?
wēn il-bāṣ l-wasṭ il-balad?	fēn t-tōbis l-wasṭ l-mdīna?
wēn ism it-transīt?	fēn qism it-transīt?
wēn šubbāk *Lufthansa*?	fēn l-gīši (*guichet*)
	diyēl *Lufthansa*?
emta byiftaḥ *Austrian Airlines*?	imta yifteḥ *Austrian Airlines*?
fī tāḫīr?	kē'in rōtār? (*retard*)
biddi *ticket* / tazkira illa...	bġit biyi (*billet*) la...
addēš *return-ticket*?	ēš-ḥāl bīyi *aller-retour*?
emta iṭ-ṭayyāra ᶜal...?	imta iṭ-ṭiyyāra l...?
fī ṭayyāra il-yōm ᶜal *Frankfurt*?	wēš ṭiyyāra il-yōm l...?
kill iṭ-ṭayyarāt kāmila	ṭ-ṭiyyārāt ᶜāmra?
emta iṭ-ṭayyāra il-mu'bila ᶜal...?	imta ṭ-ṭiyyāra iǧ-ǧaye l...?
fī ṭayyāra min dimašq la ḥalab?	kē'in ṭiyyāra dimašq - ḥalab?
lazimni tnēn *ticket* / tazkiratēn...	bġīt ǧūǧ bīyi ...
... daraǧe siyāḥa / *economy* la...	... *classe touriste* l...
... daraǧe ūla/*First Class* la dubay	... daraǧa ula l-dubayy
biddi maḥall...	blāssa... min faḍlak
... tadḫīn	... tadḫīn
... *no smoking*	... *no smoking*
... šubbāk	... šubbāk
... ǧanāḥ / ǧānib	... ǧanāḥ / ǧānib
... wasaṭ	... wasaṭ
... iddām	... guddām
... ḫalf	... mūra
biddi maḥallēn bi-ǧanb	ǧūǧ blāssāt bi-ǧanb
kam sāᶜa biṭauwel iṭ-ṭayrān?	ēšḥāl tdīr iṭ-ṭiyāra?

Deutsch	Ägyptisch
Gibt es eine Zwischenlandung?	fī transīt?
Ich möchte meinen Flug...	ana ᶜāyiz...
... umbuchen	... aġayyir ḥagz iṭ-ṭayyāra
... canceln	... alġi ḥagz iṭ-ṭayyāra
... bestätigen	... a'akkid al-ḥagz
Ich habe mein Ticket verloren.	tazkarti daᶜt
Ich habe es eilig.	ana mista'agil
Das Flugzeug aus Algier hat zwei Stunden Verspätung.	aṭ-ṭayyāra illi gayya min al-gazā'ir ḥatit'aẖir sāᶜtēn
Was ist passiert?	īyya illi ḥaṣala?
Heute ist ein Flughafenstreik.	in-naharda fī iḍrāb
Öffnen Sie bitte den Koffer!	iftāḥ iš-šanṭa min faḍlak!
Gut, in Ordnung!	ḥāḍir, māši!
Ich habe nur Handgepäck.	ᶜandi bass *hand-bag*
Ist das Ihr Koffer?	iš-šanṭa di bitāᶜtak?
Nein, der gehört mir nicht.	la'a, dī miš bitāᶜti
Das ist meine Tasche.	dē šanṭati
Wo ist Gate 12?	fēn bauwāba itnāšar?
Hier ist Rauchen verboten!	hina mamnūᶜ it-tadẖīn!
Sie sitzen auf meinem Platz.	inta 'aᶜid fī makāni
Können wir den Platz tauschen?	mumkin nġayyir il-amākin?
Darf ich mal bitte vorbei?	mumkin aᶜdi lau samaḥt?
Bitte eine Cola mit / ohne Eis.	lau samaḥt wāḥid kōla bil-talg / min ġīr talg
Ich nehme Hühnchen / Fisch.	ana ḥaẖud firāẖ / samak
Ich möchte nichts.	ana miš ᶜāyiz ḥāga
Haben Sie... ?	ᶜandak...?
... eine Zeitung von heute	... gurnāl an-nahārda
... noch eine Decke	... kamān batanīye
... eine Kopfschmerztablette	... ẖabid *Aspirin*
... alkoholfreies Bier	... bīra min ġēr kuḥūl

Syrisch	Marokkanisch
fī transīt?	kē'in *stop* / *escale*?
brīd bġayyir iṭ-ṭayrān	bġīt nġayyir iṭ-ṭiyarān
brīd alġa iṭ-ṭayrān	nḥebb nlġi iṭ-ṭiyarān
brīd akkad iṭ-ṭayrān	nḥebb n'akked iṭ-ṭiyarān
faqadt il-*ticket*	ḍā^{c}t liya l-bīyi
mā ^{c}andi wa't ḥalla	mā ^{c}andīš l-waqt dēba
tit'aḫar iṭ-ṭayyāra min al-ǧazā'ir	kē'in ta'ḫīr sā^{c}tēn
sā^{c}tēn	li-ṭ-ṭiyyāra min il-ǧazā'ir
šū ṣār?	kē'in muškila?
il-yōm iḍrāb bil-maṭār	il-yōm kē'in iḍrāb fil-maṭār
taftīš! iftaḥ iš-šanāti!	taftīš! ḥall l-balīza!
ṭayyib / *okay*	ṣāfi, waḫḫa
^{c}andi bass *hand-bag*	^{c}andi ġīr diyēl l-līd
hāda ^{c}afšak?	wēš balīza diyēlak?
lā, hāda mū ^{c}afši	lā, hāda mēši diyēli
hāda šantati	hāda balīza diyēli
wēn bāb / *gate* itnāš?	fēn l-bāb itnāš?
it-tadḫīn mamnū^{c} hōn!	t-tadḫīn mamnū^{c} hnā!
tiğlis ^{c}ala maḥalli	tiğlis ^{c}ala-l-kursi diyēli
mumkin nġayyer al-maḥall?	mumkin tbdel l-blāssa?
(lau) samaḥt?	smaḥ liyya?
wāḥid kūka ma^{c} / dūn talğ	kōka ma^{c} / blā talğ
... farūğ / samak	... dğāğ / ḥūt
mā biddi šī	ma bġīt wālu
^{c}andak...?	^{c}andak...?
... ğarīdat il-yōm	... ğarīdet l-yōm / ğurnān
... ^{c}uṭnīye	... mānṭa
... *Aspirin*	... *Aspirin*
... bīra dūn kuḥūl	... bira blā kuḥūl

Deutsch	Ägyptisch
Wo ist mein Gepäck?	fēn iš-šunat bitā^c^tī?
Mein Gepäck ist weg.	š-šunati da^c^it
Ich habe mein Ticket verloren.	tazkarti da^c^at
Wo ist das Fundbüro?	fēn maktab al-maf'ūdāt?
Wo sind Gepäckschließfächer?	fēn al-'amanāt?
Gepäckträger!	šayyāl!
Wo ist hier eine Bank?	fēn al-bank illi hina?
Nehmen Sie Euro?	bitāẖud yūro?
Nein, nur Dollar.	la'a, bass dolār
Wo ist hier die Polizei?	fēn 'ism al-būlīs?
Gibt es...?	fī...?
... einen Bus in die Stadt	... otobīs li wisṭ al-balad
... eine U-Bahn	... mītru
Welche Linie fährt ins Zentrum?	otobīs nimra kam birūḥ wisṭ al-balad?
Muß ich umsteigen?	lāzim aġayyir otobīs?
Nein, das ist direkt.	la'a, dā mubāšir
Wieviele Haltestellen sind es bis zum Nationalmuseum?	kam mḥatta li-ḥad al-matḥaf al-waṭni?
Ich suche Datteln, 1. Qualität.	ana bidauwar ^c^al-tamar, nimra wāḥda
Haben Sie eine Jordanien-Karte?	ma^c^ak tazkira bil-urdunn?
Ein Farbfilm von Kodak, bitte!	film mlauwan min *Kodak* min faḍlak!
Haben Sie Schwarz-Weiß-Filme?	^c^andak film abyad we iswid?
Wo ist ein Souvenirgeschäft?	fēn maḥall al-souvenir hina?
Wo ist ein Telefon?	fēn it-telefōn?
Wo ist ein Arzt?	fēn id-doktōr?
Wo ist der Ausgang?	fēn bauwābit al-ẖurūg?

Syrisch	Marokkanisch
wēn šanāṭi?	fēn il-bagāğ?
iḫtafa šanāṭi?	iḫtafa l-bagāğ / il-ḥwāyeğ
dayya^{c}t it-*ticket*	faqadt l-bīyi
wēn maktab al-maf’ūdāt?	fēn (il-)mustaudi^{c}?
wēn ṣandū’ il-bagāğ?	fēn ṣundūq diyēl il-bagāğ?
hammāl!	hmmāl!
wēn il-bank hōn?	fēn l-banka hnā?
btāḫud yūro? (*engl.*)	mumkin *öro*? (*frz.*)
lā, dulār bass	lā, ġīr dōlar
wēn hōn il-bolīs?	fēn l-būlīs?
fī...?	kē΄in...?
... bāṣ ^{c}al-balad	... tōbis l-mdīna
... mītru	... metro
ayy bāṣ bsāfir ^{c}al-wasṭ l-balad?	ēš men tōbis yiddi l-wasṭ l-mdīna?
lāzim bġayyir il-bāṣ?	lāzim nġayyir it-tōbīs?
lā, hāda mubāšir	lā, *direct*
addēš maḥaṭṭa ^{c}al-matḥaf il-waṭani?	ēšḥāl mḥaṭṭa l-matḥaf l-waṭni?
biddi tamar, nō^{c}īye mnīḥa	bġīt tmar nō^{c}īya mizyāna
^{c}andak ḫarīṭa min il-urdunn?	^{c}andak ḫarīṭa diyēl urdunn?
film mlauwwan *Kodak*, min faḍlak!	film mlauwan *Kodak,* min faḍlak!
^{c}andak film aswad-abyaḍ?	^{c}andak film biyaḍ u kḥal?
wēn maḥall / dukkān *souvenir*?	fēn maġāza diyēl s-*souvenir*?
wēn il-tilifōn?	fēn it-telefōn?
wēn id-duktūr?	fēn ṭbīb / *docteur*?
wēn il-ḫurūğ?	fēn l-bāb diyēl l-ḫurūğ?

Deutsch	Ägyptisch
Wo kann ich Geld wechseln?	fēn a'adar aġayyir filūs?
Wann öffnet die Bank?	al-bank ḥayiftaḥ imta?
Wie ist der Kurs für Dollar?	si^{c}r al-dulār kam an-naharda?
Wie hoch ist die Kommission?	al-^{c}umala kam?
Wo kann ich besser tauschen...?	fēn aḥwil filūs aḥsan?
... auf der Bank	... fil-bank
... in der Wechselstube	... fi maḥallāt aṣ-ṣirafa
... im Hotel	... fil-ōtēl
... auf dem Flughafen	... fil-maṭār
... mit Scheck	... bi-š-šikāt
... mit Dollar oder Euro?	... ma^c dulār walla yūro?
Wieviel geben Sie für 1 Euro?	al-yūro bikam an-naharda?
Nehmen Sie Schweizer Franken?	bitāẖuz frank swīsri?
Ich möchte 300 Euro tauschen.	^{c}āyiz aġayyir tultumīt yūro
Ich will nur 300 ägyptische Pfund.	ana ^{c}āyiz bass tultimīt ginē
Ich möchte ...	ana ^{c}āyiz...
... ein Konto eröffnen	... aftaḥ ḥisāb
... mein Konto schließen	... a'fil ḥisābi
... 1000 Dirham einzahlen	... aḥuṭ alf dirham fī ḥisābi
... 2000 Riyal abheben	... asḥab alfēn rīyāl
... 500 Dollar überweisen	... aḥauwwal ẖumsumīt dulār
... einen Scheck einlösen	... aṣrif aš-šek
Wo ist ein Geldautomat?	fēn makanit il-filūs?
Wie sind die Gebühren?	an-nisba ē il-fawāyiḍ?
4%.	arba^c fil-mīya
Kann ich die Kreditkarte benutzen?	mumkin astaẖdim al-kart?
Dieser Schein ist nicht gültig.	al-^{c}umla dē miš ṣalḥa
Diese Münze gilt nicht mehr.	al-^{c}umla dē miš ṣalḥa
Füllen Sie dieses Formular aus!	imli aṭ-ṭalab dā!

Syrisch	Marokkanisch
wēn b(i)dir ṣarrif maṣāri?	wēn banka / maṣrif?
emta byiftaḥ il-bank?	ēš men sā^{c}a yifteḥ l-banka?
addēš si^{c}ir ad-dūlar?	ēšḥāl wṣal dūlar? ēš qīmat ṣ-ṣarf diyēl d-dūlar?
addēš ir-rasm?	ēšḥāl l-kumissiyūn?
wēn aḥsan ṣarf...?	fēn aḥsan ṣarf ...?
... bil-bank	... fil-banka
... bi maktab iṣ-ṣarf	... fī bīru (*bureau*) diyēl ṣ-ṣarf
... bil-ōtēl	... fil-ōtēl
... bil-maṭār	... fil-maṭār
... bi šēk	... bi šēk
... bi dūlar willa *yūro*?	... bi dūlar wulla *öro*?
addēš wāḥid *yūro*?	ēšḥāl wāḥid *öro*?
btāẖud frank swisri?	mumkin *franc* swisri?
brīd ṣarf tlētmīt *yūro*	bġīt nṣarref tlētmiyat *öro*
lazimni bass tlētmīt ginē maṣri	bġīt ġīr arba^{c}mīye ginē mīṣri
biddi...	bġīt ...
... iftaḥ ḥ(i)sāb	... nefteḥ ḥsāb
... ilġi ḥ(i)sābi	... nlġi ḥsāb diyēli
... iṣrif alf dirham	... ndfa^{c} alf dirham
... isḥab alfēn riyāl	... nisḥab alfēn riyāl
... iḥauwwil ẖamsmīt dūlar	... nḥauwwal ẖamsmīyyat dūlar
... iṣrif iš-šek	... netẖalleṣ ḥād-š-šēk
wēn makīna il-flūs?	fēn makīna diyēl l-flūs?
addēš ir-rusūm?	ēšḥāl iḍ-ḍarā'ib?
arba^{c} bil-mīyye	rba^{c} f(i)l-mīyya
mumkin astaẖdim al-kart?	teqebbel hādal-kart krīdi?
hāl-wara' mū ṣāliḥ	hād-l-waraq māši ṣālḥīn
hāl-frāṭa mū ṣāliḥ(a)	hād-ṣ-ṣarf māši ṣāleḥ
imla il-istimāra!	imla hādil-*formulaire*!

Deutsch	Ägyptisch
Wo ist der Taxistand?	fēn mau'if at-taksi?
Sind Sie frei?	fāḍī yā usta?
Steigen Sie ein!	itfaḍḍil irkab!
Was kostet es bis zum Flughafen?	r-riḥla ᶜal-maṭār bikām?
Zum Flughafen!	ᶜal-maṭār min faḍlak!
... zum Bahnhof	lil-maḥaṭṭa min faḍlak!
... zum Hotel „Sheraton"	lil-ōtīl „Sheraton"!
Zu dieser Adresse!	lil-ᶜinwān dā, lau samaḥt!
Halten Sie hier!	wa'af hinā!
Halten Sie an der Post!	wa'af ganb il-barīd!
Noch ein Stückchen!	šīwayya kamān li uddām!
(Biegen Sie... ab) Nach links!	ḥauwid šimāl!
(Biegen Sie... ab) Nach rechts!	ḥauwid yamīn!
Geradeaus!	ᶜala ṭūl!
Hier steige ich aus.	ana ḥanzil hinā
Wieviel bekommen Sie?	al-ugra kam?
Ist es noch weit?	lissa baᶜīd min hinā?
Fahren Sie langsamer / schneller!	ᶜala mahlak! / bis-surᶜa šiwayya!
Das ist die falsche Richtung.	al-ittigā miš mazbūṭ
Bitte kehren Sie um!	lau samaḥt ragāᶜni!
Fahren Sie zum Hotel zurück!	ragāᶜni lil-ōtel!
Gibt es eine Umleitung / Unfall?	fī tahwīla / ḥadsa?
Warten Sie einen Moment!	lahza, min faḍlak!
Wo sind die Service-Taxis?	fēn mau'if at-taksi?
Was kostet Beirut-Damaskus?	addē al-ugra min bērūt li dimiš'?
Allein...	li waḥdi / maẖṣūṣ
Haben Sie schon andere Mitfahrer?	maᶜk rukāb tāniyīn?
Wie lange dauert es noch bis...?	lissa ḥayāẖud ktīr li...?
300 Lira nach Homs - okay?	tultumīt līra laḥad ẖims, māši?

Syrisch	Marokkanisch
wēn taksi?	wēn blāssa diyēl t-taksi?
fāḍi?	ẖāwi?
iṭla^c!	ṭla^c!
addēš min hōn ^{c}al-maṭār?	ēšḥāl min hnā l-maṭār?
^{c}al-maṭār ^{c}amel ma^{c}rūf!	l-maṭār!
^{c}al-mahaṭṭa ^{c}amel ma^{c}rūf!	l-mḥaṭṭa!
^{c}al-ōtēl *Sheraton* ^{c}amel ma^{c}rūf!	l-ōtēl *Sheraton*!
la hāl-^{c}inwān!	l-hād-l-^{c}unwān!
wā'ef hōn!	ḥbes hnā!
wā'ef ^{c}and-il-barīd!	ḥbes quddām l-*Poste*!
duġri šwayye!	zīd šwīyye!
(lif) aš-šmāl / al-yasār!	dōr yesār!
(lif) al-yamīn!	dōr yemīn!
duġri!, ^{c}ala ṭūl!	gūd!
inzil hōn	ġādi nzel hnā
addēš?	ēšḥāl?
ba^{c}īd(e) min hōn?	bāqi ba^{c}īd?
^{c}ala mahlak / bi sur^{c}a!	bšwīyya / bisur^{c}a!!
(i)ṭ-ṭarī' hōn mū ṣaḥīḥ	it-trēg ġalāṭ
^{c}idd / irğa^c ^{c}al-ōtēl!	irğa^c / dūr l-ōtēl!
fī taḥwīle / ḥādis sayyāra?	kē´in taḥwīla / ksīda(n)?
lahza šwayye!	stanna šwiyya!
„*Service*" (taxi), wēn?	fēn (taxi-) „*Service*"?
addēš bērūt - šām?	ēš-ḥāl bērūt - šām?
li-waḥdi	ana waḥdi
fī nāṣ fit-taksi?	kē´in rukkēb?
addēš biṭauwel la...?	ēšḥāl men sā^{c}a l...?
tlatmīt līra illa ḥomṣ, muwāfi?	sitt'myā l-ḥomṣ - ṣāfi?

Deutsch	Ägyptisch
Ich möchte ein Auto mieten	ᶜāyiz a'agar ᶜarabīya
... für eine Woche	... li muddit isbūᶜ
... für drei Tage	... li muddit talāt ayyām
Was kostet die Versicherung?	at-ta'mīn addē?
Wie hoch ist die Kaution?	al-ᶜimula addē?
Wo kann ich das Auto abholen?	ḥaẖud al-ᶜarabīya minēn?
Hier ist...	itfaḍḍal...
... mein Pass	... basbūri
... mein Führerschein	... ruẖṣit as-siwā'
... meine Versicherungskarte	... kart at-ta'mīn
... meine Kreditkarte	... kart el-bank
... der Autoschlüssel	... mafātīḥ al-ᶜarabīya
Welche Autotypen haben Sie?	ayye nōᶜ al-ᶜarabīya ᶜandak?
Haben Sie ein größeres Auto?	ᶜandak ᶜarabīya akbar?
Haben Sie ein kleineres Auto?	ᶜandak ᶜarabīya aṣġar?
Mit einer anderen Farbe?	maᶜ lōn tāni?
Mit Automatik?	automatik?
Ich möchte... kaufen.	ana ᶜāyiz aštri...
... ein Auto	... ᶜarabīya
... einen Jeep	... ğīb
... einen Neuwagen	... ᶜarabīya gdīda
... einen Gebrauchtwagen	... ᶜarabīya mustaᶜamala
Ich zahle bar.	ana ḥadfaᶜ kaš
Die ganze Summe.	al-mablaġ kullu
Ich zahle mit Scheck.	ana ḥadfaᶜ bi šek
Nehmen Sie Karte?	bitāẖud kridit kart?
Kann ich in Raten zahlen?	mumkin adfaᶜ bil'isṭ?
Wieviel pro Monat?	addē fiš-šahr?

Syrisch	Marokkanisch
brīd sayyārat ta´ğīr	bġīt nkri ṭumubīl...
... li usbū^{c}	... lmuddat usbū^{c} / simāna
... li tlāt ayyām	... li rba^{c} ayyām
addēš it-ta´mīn?	ēšḥāl l-*assurance*?
addēš iḍ-ḍamān?	ēšḥāl taman iḍ-ḍimāna?
min wēn bāẖod is-sayyāra?	mnīn nğlib s-sayyāra?
tfaḍḍal(i)...	tfaḍḍal(i)...
... pasbōri	... l-pasbōr
... ruẖṣat il-(q)iyāde	... l-pirmi (*permis*)
... kart it-ta´mīn	... šahādat s-*assurance*
... kart il-bank	... kart krīdi diyēli
... miftāḥ is-sayyāra	... l-miftāḥ
^{c}andak ayye sayyarāt?	ēš men siyyāra ^{c}andak?
^{c}andak sayyāra akbar?	^{c}andak siyyāra akbar?
^{c}andak sayyāra aṣġar?	^{c}andak siyyāra aṣġar?
ma^{c}k lōn tāni?	f-lūn ẖōr?
automatik?	automatik?
biddi ištari...	bġīt nštrī...
... sayyāra	... siyyāra
... ğīb	... ğīb
... sayyāra ğdīde	... siyyāra ğdīda
... sayyāra musta^{c}mala	... siyyāra *occasion*
bidfa^{c} kāš	nidfa^{c} kēš
kill šī	kull šī
bidfa^{c} biš-šek	nidfa^{c} šēk
btāẖod kart il-bank?	teqbal kart krīdi?
mumkin idfa^{c} bit-ta'sīṭ?	mumkin nidfa^{c} b-taqsīṭ?
addēš biš-šahr?	ēšḥāl fi-š-šahr?

Deutsch	Ägyptisch
Haben Sie ein Auto?	ᶜandak ᶜarabīya?
Wo steht das Auto?	al-ᶜarabīya wa'afe fēn?
Wo geht es nach...?	fēn at-tarī' la...?
Wie weit ist es bis...?	al-masāfa addē liḥad...?
Ist das weit von hier?	lissa dā biᶜīd min hina?
Es ist nicht weit.	miš biᶜīd
Nur 15 Kilometer.	bass kamān ḫamstašar kilo
Wieviel km sind es bis Aleppo?	kam kilo lissa liḥad ḥalab?
Der Weg ist schlecht.	at-tarī' wiḥiš
Die Straße ist gesperrt.	at-atarī' ma'fūl
Kehren Sie um!	irgaᶜ lau samaḥt!
Umleitung!	taḥwīla!
Wo ist die nächste Tankstelle?	fēn maḥattat al-banzīn al-gayya?
Können Sie mir Benzin verkaufen?	mumkin tištri li banzīn?
Wir haben eine Panne.	al-ᶜarabīya ᶜaṭlāna
Wir hatten einen Unfall.	ᶜamalna ḥadsa
Wo ist eine Reparaturwerkstatt?	fēn fi waršit ᶜarabiyyāt hina?
Wir haben uns verfahren.	iḥna tuhnā
Wohin führt diese Straße?	aš-šāriᶜ dā biwaddi ᶜal fēn?
Nach ..., diese Richtung?	ᶜal..., al-ittigā dā?
Ist das die Grenze?	hīya dī al-ḥidūd?
Wo ist der Abzweig nach Hama?	fēn it-ta'atuᶜ la-ḥāma?
An der Kreuzung nach links.	ᶜand it-ta'atuᶜ ḫuš yemēn
Bis ..., dann über ...	liḥad..., wi baᶜd kida ᶜan tarī'...
Zeig die Strecke auf der Karte!	warrni at-tarī' ᶜal-ḫarīṭa!
Halt! Kontrolle!	qif! taftīš!
Zoll!	gamārik!
Ihre Papiere, bitte!	al-basbōr, lau samaḥt!
Den Führerschen, bitte!	ar-ruḫṣa, lau samaḥt!

Syrisch	Marokkanisch
^{c}andak sayyāra?	^{c}andak siyyāra?
wēn is-sayyāra?	fēn is-siyyāra?
wēn iṭ-ṭarī' la...?	fēn it-trēg la...?
šū-l-masāfe la...?	ēšḥāl men kilo l...?
hāda ba^{c}īd(e) min hōn?	wēš ba^{c}īd (min hina)?
(lā,) mū ba^{c}īd	(lā,) mēši ba^{c}īd
ḫamstāš kīlu	ḫamstāš kilo(mitr)
addēš kīlu la ḥalab?	ēšḥāl men kilo l-ḥalab?
iṭ-ṭarī' ^{c}aṭel	it-trēg ḫayb
iš-šāri^c masdūd	iš-šāri^c masdūd
irǧa ^{c}amel ma^{c}rūf!	dūr!
taḥwila!	taḥwīl!, *déviation*!
wēn a'rab mḥaṭṭet banzin?	fēn el-mḥaṭṭa eǧ-ǧayya?
^{c}andak šwayye banzīn?	^{c}andak šwīyyat l-isāns? (*essence*)
s-sayyāra m^{c}aṭṭale	s-siyyāra ḫāsra
kān ḥadīṯ sayyāra	derna ksīda
fī warša hōn?	kē´in garāǧ / mikanīk hnā?
dayya^{c}na ṭ-ṭarī'	dayya^{c}na t-trēg
la wēn biwaddi hāṭ-ṭarī'?	fēn yiddi hāt-trēg?
la ..., hēk?	l-..., hēk?
hāda il-ḥudūd?	wēš hādi l-ḥudūd?
wēn il-mafra' la ḥāma?	fēn l-muftaraq l-ḥāma?
min il-muftara' ^{c}al-yasār	ba^{c}d l-muftaraq l-yasār
ḥatta ..., ba^{c}dēn ^{c}abra ...	^{c}al ..., men ba^{c}d ^{c}abra ...
warrīni iṭ-ṭarī' ^{c}al-ḫarīṭa!	werri liyya ^{c}la-l-ḫarīṭa!
wa´ef! / taftiš!	qif! / taftīš!
gumrok / ǧumruk!	ǧumruk!
il-pasbōr!	il-pasbōr!
ir-ruḫṣa!	il-pīrmi!

Deutsch	Ägyptisch
Wo ist der Busbahnhof?	fēn mau'if il-utubīs?
Gibt es heute einen Bus / Zug nach...?	fī utubīs / 'aṭr an-naharda ^{c}ala...?
Wann fährt der nächste Bus nach...?	al-utubīs illi ba^{c}duh ḥayiṭla^{c} imta ^{c}ala...?
Ist das der Bus nach...?	dā il-utubīs illi rāyeḥ ^{c}ala...?
Welcher Bus fährt nach...?	utubīs nimra kam birūḥ ^{c}ala...?
Es gibt keinen Bus nach...	mā fiš utubīs brūḥ ^{c}ala...
Der Bus ist voll.	il-utubīs milyān
Der Bus ist kaputt.	il-utubīs ^{c}aṭlān
Wir müssen den Bus wechseln.	lāzim nibaddil-ul-utubīs?
Was kostet die Fahrt nach ...?	tazkarit .... bikam?
Wo muß ich aussteigen?	fēn lāzim anzil?
Wieviel Stationen sind es bis...?	kam miḥatta laḥud...?
Fahren Sie...?	bitrūḥ...?
... zum Flughafen	... ^{c}al-maṭār
... zum Bahnhof	... ^{c}al-maḥatta
... zum Hotel...	... li ōtel...
... ins Stadtzentrum	... wusṭ al-balad

Ist der Platz noch frei?	al-makān dā fāḍi, lau samaḥt?
Nein, besetzt.	la'a, maḥgūz
Ich suche Platz Nr.	ana badauwwer ^{c}al kursi nimra...
Ist das Platz Nr. ...?	dā kursi nimra...?
Bitte halten Sie hier!	wa'af hinā min faḍlak!
Fahrer!	yā usta!
Ich möchte aussteigen.	ana ^{c}auwiz anzil
Darf ich mal vorbei?	a^{c}di, lau samaḥt?
Steigen Sie aus? (f)	nāzil (nazla) dilwa'tī?
Ist das die Endstelle?	dā āḫer el-ḫaṭṭ?
Öffnen Sie die Tür!	iftaḥ il-bāb min faḍlak!
Schließen Sie das Fenster!	i'fil iš-šibbāk!
Warten Sie bitte einen Moment!	istannā šuwaiya!

Syrisch	Marokkanisch
wēn mḥaṭṭet / mau'if il-bāṣ?	fēn maḥaṭṭat it-tōbīs / il-kār?
fī bāṣ / 'aṭr la... il-yōm?	kē'in tōbīs / trēn l-yōm l...?
	(*kar* Überlandbus)
emta il-bāṣ il-ğay la...?	emta il-bāṣ ġādi l...?
rāyeḥ hāl-bāṣ la...?	wēš rāyeḥ hāda-l-bāṣ l...?
ayy bāṣ rāyeḥ la...?	ēš men tōbīs rāyeḥ l...?
mā fīš bāṣ hōn la...	makēnš tōbīs l...
il-bāṣ komblē / mā fī maḥall	it-tōbīs komblē (*complet*)
il-baṣ ᶜāṭel	it-tōbīs ẖāser
lāzim nbaddel il-bāṣ	ẖassna nġayyir il-kār
addēš il-bāṣ la...?	ēšḥāl it-tōbīs l-...?
wēn lāzim inzil?	fēn ẖassni ninzel?
addēš mau'if...?	ēšḥāl mḥaṭṭa l...?
rāyeḥ...?	trūḥ ...?
... ᶜal-maṭār	... l-maṭār
... ᶜal-mḥaṭṭa	... l-maḥaṭṭa
... ᶜal-ōtēl...	... l-ōtēl
... l-wasṭ il-balad	... l-wasṭ-l-mdīna
fāḍi hōn?	ẖāwi hnā?
lā, mašġūl	lā, ᶜāmer
wēn maḥall...?	fēn l-blāssa ...?
hāda maḥall...?	wēš hādi l-blāssa...?
wā'ef (hōn)!	ḥabbes (hnā)!
yā muᶜallim!	Moḥammed!
biddi inzel	bġīt ninzil
ᶜafwan, ẖallīni imro'	smaḥ liyya?
nāzil?	nāzil?
hāda il-mau'if il-aẖīr?	hāda Terminus (sprich: *Terminüs*)?
iftaḥ il-bāb!	ḥall l-bāb!
sakker iš-šibbāk!	sed iš-šarğem!
da'īya!, lahza šwayy!	dqīqa / lahza!

Deutsch	Ägyptisch
Halten Sie an der Universität?	bitwa'ef ᶜand al-gamᶜa?
Ich habe kein Kleingeld.	mā ᶜandīš fakka
Im Bus ist Rauchen verboten.	mamnūᶜ it-tadẖīn fil-utubīs
Wann gibt es eine Pause?	ḥaniᶜamal istirāḥa imta?
Fahren Sie nicht dorthin!	miš ḥatsāfir hinak!
Ist das der Weg nach ...?	huwa dā tarī' ...?
Sie sitzen im falschen Bus!	inta 'aᶜid fil-utubīs al-ġalaṭ!
Ich muß sofort aussteigen.	ana lāzim anzil ḥallan
Geht es hier zum Bahnhof?	min hina yarūḥ lil-maḥatta?
Wann ist der Schalter geöffnet?	šibbāk at-tazākir ḥayiftaḥ emta?
Kann ich im Zug bezahlen?	mumkin adfaᶜ fil-'aṭr?
Muß ich umsteigen?	lāzin abaddel al-'aṭr?
Einmal nach ... um 5Uhr.	wāḥid... as-sāᶜa ẖamsa
Zweimal hin und zurück nach...	tazkiratēn zihāb wa ᶜauda li...
... mit Ermäßigung für Studenten	... muẖẖafaḍ li ṭalaba
... erste Klasse	... daraga ūla
... zweite Klasse	... daraga tānya
Wann fährt der Nachtzug nach...?	emta 'aṭr an-nōm li...?
Hält der Zug in ...?	al-'aṭr biwā'if fī...?
Wo ist der Schaffner?	fēn al-kumsāri?
Ich habe noch keine Fahrkarte.	lissa mā ᶜandiš tazkira
Ist das der Schnellzug nach...?	dā 'aṭr as-sarīᶜ li...?
Ist das (schon) ...? (Stadt X)	dē...
Wie lange ist hier Aufenthalt?	al-'aṭr ḥaya'ef hina addē?

Syrisch	Marokkanisch
bitwa'ef ^{c}and-il-ğām^{c}a?	kē'in maḥaṭṭa ^{c}anda-l-ğam^{c}a?
mā ^{c}andi frāṭa	mā ^{c}andīš ṣarf
it-tadḫīn mamnū^c fil-bāṣ	it-tadḫīn mamnū^c fit-tōbīṣ
emta istirāḥa?	emta (isti)rāḥa?
mā trūḥ la hāl-minta'a!	mā truḥš l-hādil-mintaqa!
hāda iṭ-ṭarī' la...?	wēš hāda it-trēg l-...?
hāda il-bāṣ la...!!	hāda il-kār l...!!
yā mu^{c}allim! lāzim inzil!!	Muḥammad! nzelni hnā!!
hāda iṭ-ṭarī' lal-mḥaṭṭa?	hādi it-treg l-maḥaṭṭa?
emta byiftaḥ iš-šibbāk?	waqtēš yiftaḥ l-gīši?
mumkin idfa^c bil-'aṭr?	mumkin nidfa^c fi-t-trēn?
lāzim baddel il-'aṭr / it-trēn?	ḫassni nbaddal it-trēn?
la ..., sā^{c}a ḫamse!	l-..., ma ^{c} l-ḫamse!
tnēn *ticket* la ... mēši u ğay	ğūğ biyyi l-..., *aller-retour*!
... muḫaffaḍ liṭ-ṭalaba	... ma^c ḥaṣm liṭ-ṭālib
... darağe ūla	... darağa l-lūla / *première classe*
... darağe tānya	... darağa t-tānya / *deuxième classe*
emta il-'aṭr la ... bi-l-lēl?	waqtēš yimši trēn l-... bi-l-lēl?
wā'ef il-'aṭr fī...?	l-trēn wāqif fī ...?
wēn il-mufattiš / il-kumsāri?	fēn l-murāqib / l-*contrôleur*?
mā ^{c}andi tazkara	mā ^{c}andīš bīyyi
hāda il-*Express* la...?	wēš hāda trēn *rapide* l...?
^{c}afwan, hāda ...?	^{c}afwan, hādi...?
addēš biṭauwel il-ikāme hōn?	ēšḥāl ddīr l-iqāma hnā?

Deutsch	Ägyptisch
Wo ist das Hotel ...?	fēn otēl...?
Kennen Sie ein preiswertes Hotel?	biti^{c}araf otēl as^{c}ru kwayyisa?
Haben Sie ein Zimmer frei? (f)	^{c}andak (^{c}andik) ōḍa fādya?
Nein, wir sind ausgebucht.	la'a, kullu maḥgūz
Ich habe ein Zimmer reserviert.	ana ḥagazt ōḍa
Haben Sie...?	^{c}andak (^{c}andik)...?
... ein Einzelzimmer	ōḍa bi-sirīr wāḥid / ōḍa singil
... ein Doppelzimmer	ōḍa bi-sirīrēn / ōḍa li-nafarēn ōḍa muzdauwaga
... ein Zimmer für eine Nacht	ōḍa li wāḥid lēla
... für zwei Nächte	ōḍa liltēn
... mit Bad/Dusche	bi-hammām
... mit Klimaanlage / Heizung	bi-takyīf / bi tadfīya markazīya
... mit Fernseher	bi-tilivizyōn
... zur Straße	^{c}aš-šāri^{c}
... mit Meerblick	tiṭūl al-baḥr
... mit Balkon	bil-balakōna
Wieviel kostet eine Nacht?	bikām il-lēla?
Ist Frühstück inklusive?	ma^{c} fuṭūr?
Gibt es ein billigeres Zimmer?	mā ^{c}andakš ōḍa arḫaṣ?
Kann ich das Zimmer sehen?	mumkin ašūf il-ōḍa?
Das Zimmer ist schmutzig.	il-ōḍa wasḫa
Wo ist die Treppe / der Fahstuhl?	il-sillim / il-asansēr fēn?
Ab wann gibt es Frühstück?	imta il-fuṭūr?
Wo ist die Toilette?	dōrit il-maiya/ it-tu'alēt fēn?
Ich nehme das Zimmer.	ḥāḫud il-ōḍa
Füllen Sie die Anmeldung aus!	imla (imlī) il-istimāra di min faḍlak (faḍlik)!
Bitte den Schlüssel Nr.7!	muftāḥ nimra sab^{c}a lau samaḥt!
Wecken Sie mich um 6 Uhr!	ṣaḥḥīnī is-sā^{c}a sab^{c}a min faḍlak (faḍlik)!
Ist Post für mich da?	fī bosta lēyya?

Syrisch	Marokkanisch
wēn il-ōtēl ...?	fēn ōtēl ...?
bta^{c}ref ōtēl raẖīs?	(ka)t^{c}aref šī ōtēl rẖīṣ?
^{c}andak ūḍa fāḍye?	^{c}andak bīt ẖāwi?
lā, komplē (*complet*)	lā, komblē
ḥagazt ġirfe / ūḍa	ḥğazt bīt
^{c}andak...?	^{c}andak...?
... ġirfe la šaẖṣ wāḥid	... bīt l-wāḥed bl-frēš
... ġirfe bi taẖtēn	... bīt l-ğūğ b l-frēš
... ġirfe la lēla waḥde	... bīt l-līlā waḥda
... ġirfe la lēlatēn	... bīt l-ğūğ līlāt
... ma^{c} ḥammām / dūš	... bl-ḥammām / b-ddūš
... bil-klima(-tisasiyūn) / manzūr	... bil-klima / bi-šōfāğ
... ma^{c} tiliwiziyūn	... ma^{c} telfezu
... l-guddām	... l-guddām
... ma^{c} manzar il-baḥr	... ma^{c} manḍar ^{c}l-l-baḥr
... ma^{c} balkōn	... bl-balkōn
addēš lēla waḥde?	ēšḥāl lēla waḥda?
hāda bi-l-fuṭūr?	l-fṭōr maḥsūb?
^{c}andak ġirfe arẖaṣ?	^{c}andak bīt rẖaṣ?
mumkin ašūf il-ġirfe?	mumkin nšūf il-bīt?
il-ġirfe wasiẖa	l-bīt mwasseẖ
wēn is-sullām / il-*lift*?	fēn l-*ascenseur*?
emta il-fuṭūr?	emta l-fṭōr / l-ptī dīžni?
wēn at-tu'alēt / il-ḥammām?	fēn t-tu'alēt / l-ḥammām?
bāẖod il-ġirfe	waẖẖa, l-bīt mzyān
imla il-istimāra!	imla warqat it-tasğīl!
il-miftāḥ sab^{c}a, min faḍlak!	sārūt sab^{c}a!
fayyi'ni s-sā^{c}a sitte!	fayyeqni fī sitte!
fī barīd mšāni?, fī makātib illi?	waṣl barīd liyya?

Deutsch	Ägyptisch
Kann ich vom Zimmer aus nach Deutschland telephonieren?	mumkin attasil min ōdti li almānya?
Was kostet 1 Minute nach...?	ad-da'ī(y)a bikam li...?
Was ist die Vorwahl von ...?	kōd... ē?
Der Schlüssel paßt nicht.	il-miftāḥ miš šaġel
Die Tür schließt nicht.	il-bāb mā bi'afilš
Die Heizung ist kaputt.	at-tadfīya bayza
Die Steckdose ist kaputt.	barīzat al-kahraba bayza
Der Wasserhahn geht nicht.	al-ḥanafīya miš šaġila
Es gibt...	ma fiš...
... kein Wasser	... mayye
... keine Handtücher	... fauwat
... keine Seife	... ṣabūna
... kein Licht	... nūr
Kann ich ein anderes Zimmer haben?	mumkin āẖud ōḍa ġēr dē?
Bitte machen Sie das Zimmer sauber!	lau samaḥt naddif al-ōda!
Die Aussicht ist wunderbar.	al-manzar rā'i^{c}
Ich habe den Schlüssel verloren.	miftāḥi da^{c}
Haben Sie eine deutsche Zeitung?	^{c}andak (^{c}andik) garīda almanīya?
Nein, nur eine englische Zeitung.	lā, garīda inglīzīya bass
Ich reise morgen ab.	ḥasāfir bukra
Machen Sie bitte die Rechnung!	gahhizlī (gahhizīlī) il-fāṭūra min faḍlak (faḍlik)!
Haben Sie mal einen Stift?	^{c}andak (^{c}andik) 'alam?
Bitte meinen Pass!	il-gawāz bitā^{c}ī min faḍlak (faḍlik)!
Rufen Sie ein Taxi!	iṭlub lī taksi!

Syrisch	Marokkanisch
mumkin ittaṣil min-il-ġirfe	wēš yimkin li ndīr telefōn
la almānya?	l-almānya?
addēš da'īye waḥde la...?	bēšḥāl daqīqa waḥda l-...?
šū kōd min ...?	šnūa l'*indicatif* diyēl...?
fī miškile ma^c-il-miftāḥ	kē'in muškila ma^c-l-miftāḥ
il-bāb ^{c}āṭel	l-bāb ẖāser
il-manzūr muẖarrab	l-šōfāž ẖāser
il-brīz ^{c}aṭle	l-prīz (*prise*) mẖasser
ṣnubūr il-mā ^{c}āṭel	r-*robinet* mẖasser
mā fī...	mā kēnš...
... mayye	... l-mā
... mandīl	... l-fuṭāt
... ṣabūn	... s-ṣabōn, s-ṣabūna
... ḍau / kahraba	... l-kahraba / t-trisitē
mumkin āẖod ġēr ġirfe?	kē'in bīt aḥsan?
lāzim nazzif il-ġirfe!	tanḍīf l-bīt ḍarūri!
il-manzar ḥelu	l-manḍar zwīn
faqadt il-miftaḥ	ḍayyet s-sārūt
^{c}andak ğarīda almanīya?	kē'in ğurnān almāni?
lā, ğarīda inglizīya bass	lā, ġīr ğurnān inglīzi
biddi sāfir bukra	bġīt nsāfer ġadda
sauwi il-fattūra, min faḍlak!	l-fattūra / l-faktūra, *s'il vous plaît*!
^{c}andak alam?	^{c}andak stīlo (*stylo*)?
il-pasbōr, min faḍlak!	il-pasbōr, min faḍlak!
wa'ifli taxi!, nādīli taxi!	^{c}ayyet ^{c}la taxi!

Deutsch	Ägyptisch
Gibt es hier ein Telefon?	fī hina telefōn?
Kann ich das Telefon benutzen?	mumkin asta^{c}mil it-tilifōn hinā?
Das Telefon geht nicht.	it-tilifōn mā byištaġalš
Was kostet ein Ortsgespräch?	mukālama maḥallīya bikam?
... ein Ferngespräch?	mukālama ḫārigīya bikam?
Ich möchte nach Deutschland telefonieren.	^{c}auwiz mukālama ^{c}ala almānya
Kann ich direkt wählen?	'ādir uḍrub in-nimra mubāšara?
Geht eine Telefonkarte?	bištaġil il-kart?
Was kostet ein 3-Minuten-Gespräch nach...?	mukālama li... li-muddit talāt da'ā'i' bikām?
Ist es abends billiger?	il-mukālama arḫaṣ bil-lēl?
Wie ist die Nummer der Auskunft?	nimrit isti^{c}mālāt kām?
Haben Sie die Telefonnummer...?	^{c}andak nimrit tilifōn...?
... des Flughafens	... il-maṭār?
... vom Hotel „Bagdad"	... ōtīl Baġdād?
... von Frau ...	... is-sayyida..?
Hallo! Wer ist am Apparat?	allū ? mīn ^{c}al-ḫāt?
Hier ist	ana...
Kann ich Herrn Khoury sprechen?	'ādir akallim il-ustāz Khoury?
Falsch verbunden!	in-nimra ġalat
Wie ist Ihre Telefonnummer?	nimrit tilifōnak kām?
Meine Nummer ist...	nimrit tilifōnī...
Sprechen Sie lauter!	ṣōtak ^{c}āli!
Ich verstehe Sie schlecht.	ana muš fāhim kuwaiyis
Bitte wiederholen Sie!	ūlī marra tānya min faḍlak!
Bleiben Sie am Apparat!	ḫallīk ma^{c} ī!

Syrisch	Marokkanisch
fī tilifōn hōn?	kē'in tilifōn hā?
mumkin istaẖdim hāt-tilifōn?	mumkin nistaẖdim it-telefōn?
it-tilifōn mā byištaġil	it-telefōn ẖāsser
addēš mukālama maḥallīye?	ēšḥāl mukālama m(a)ḥallīya?
addēš mukālama duwwalīyye?	ēšḥāl mukālama duwwalīya?
biddi italfin la almānya	bġīt n^{c}ayyet l-almānya
mumkin italfin mubāšara?	mumkin n^{c}ayyet mubāšara?
mumkin istaẖdim *telephon card*?	mumkin bl-kārta *de*-l-telefōn?
addēš tlēt da'āya illa ...?	ēšḥāl tlāte ddqāya l-...?
il-mukālama arẖaṣ bil-lēl?	l-mukālama rẖaṣ fil-līl?
šū ra'am il-isti^{c}alāmāt?	šḥāl nimra diyēl l-istiršādāt?
^{c}andak ra'am tilifōn ...?	^{c}andak raqm t-telefōn diyēl ...?
... il-maṭār	... l-maṭār
... il-ōtēl Baġdād	... il-ōtēl Baġdād
... is-sayyida Mubārak	... *Madame* Mubārak
ālu, mīn?	allō, škūn?
hōn ...	hāda / hnā ...
fīyye iḥki ma^{c} is-sayyid H̱ūri?	s-sayyid H̱ūri, min faḍlak!
ir-ra'm ġalaṭ	ir-raqm ġalāṭ
šū ra'am tilifōnak?	šḥāl raqm telefōn diyēlak?
ra'am telefōni ...	raqm diyēli...
iḥki bi ṣōt ^{c}āli!	^{c}alli ṣautek!
mā bifham mnīḥ / kwayyes	mā fahimtš mizyēn
marra tānya, lau samaḥt!	^{c}aud!
ẖallīk bi-t-tilifōn!	ẖallīk fi-t-telefōn!

Deutsch	Ägyptisch
Die Leitung ist besetzt.	il-ẖaṭṭ mašġūl
Das Gespräch ist unterbrochen.	il-ẖaṭṭ it'ata^{c}
Rufen Sie morgen nochmal an!	itaṣṣil bukra tāni!
Ich rufe sie Dienstag an.	ḥatiṣṣil bīk yōm at-talāt
Können Sie mich in zwei Stunden zurückrufen?	mumkin titaṣṣil biyya ba^{c}d sā^{c}tēn?
Gehen Sie in Kabine 8!	rūḥ kabīna nimra tamānya!
Kann ich mit Handy telefonieren?	mumkin atiṣṣil bil-mobayl?
Haben Sie ein Handy?	^{c}andak mobayl / mobīl (*frz.*)?
Ich brauche ein Telefonkarte.	ana ^{c}auwiz kart it-telefōn
Gibt es ein Faxgerät im Hotel?	fī gihāz faks fil-otēl?
Wo kann ich ein Fax abschicken?	fēn a'adar ab^{c}at faks?
Was kostet eine Seite nach ...?	aṣ-ṣafḥa bikam li...?
Das ist mir zu teuer.	dā ġāli binnisba li
Habe ich ein Fax bekommen?	wasilni faksāt an-naharda?
Ich erwarte morgen ein Fax.	ana mistanni faks bukra
Bitte machen Sie eine Kopie!	i^{c}milli sūra lau samaḥt!
Kopieren Sie das fünfmal!	sawwar(a)ha ẖamas marrāt!
Noch eine Kopie, bitte!	sūra kamān lau samaḥt!
Wo ist ein Internet-Cafe?	fēn al-*Internet-Café*?
Haben Sie Internet-Anschluß?	^{c}andak ẖaṭṭ *Internet*?
Ich möchte eine e-mail senden.	^{c}auwiz ab^{c}at *e-mail*
Habe ich eine e-mail erhalten?	wasilni *e-mail*?
Was kostet eine Stunde Internet?	sā^{c}at *Internet* bikam?
Die Verbindung klappt nicht.	al-ittisāl miš šaġal
Komm in einer Stunde wieder!	ta^{c}āla tāni ba^{c}d sā^{c}a!

Syrisch	Marokkanisch
il-ẖaṭṭ mašġūl	mākēnš ittiṣāl
it'aṭa^c il-ẖaṭṭ	taqṭa^c l-ẖaṭṭ
itaṣṣil bukra marra tānya!	dīr telefōn ġedda marra ẖra!
bitaṣṣil bīk yōm it-talāta	ġādi ndīr telefōn yōm it-tlāt
mumkin titaṣṣil bī ba^{c}d sā^{c}tēn?	yimkin t^{c}ayyet ba^{c}d sā^{c}tēn?
imši illa kabīna tmēne!	sīr l-tmēnya!
mumkin istaẖdim is-sellulēr?	mumkin nstaẖdim *portable*?
^{c}andak naqāl / *cellulaire*?	^{c}andak *portable*?
brīd kart it-telefōn	ẖassna karta *prepaid*
fī ğihāz *Fax* bil-ōtēl?	kē'in *Fax* fil-ōtēl?
wēn mumkin irsil *Fax*?	fēn l-bīru *Fax*?
addēš ṣafḥa waḥde la...?	bēšḥāl ṣafḥa wḥda l-...?
hāda ġāli ktīr	hāda ġāli bezzēf
waṣalt *Fax*?	waṣalt *Fax*?
istallim bukra *Fax*	ġādi yuṣal ġadda l-*Fax*
^{c}amilli nuṣẖa (waḥde) min faḍlak!	nuṣẖa waḥda, min faḍlak!
sawwarha ẖams marrāt min faḍlak!	ẖamsat nuṣẖāt min hādi!
nuṣẖa tānya ^{c}amel ma^{c}ūf!	zīd nuṣẖa!
wēn (il-)*Internetcafé*?	fēn *Internet-Café*?
fī ẖaṭṭ *Internet* hōn?	kē'in hina *Internet*?
brīd ib^{c}ad *e-mail*	bġīt nṣeyyfet *(e-)mail*
waṣil *e-mail*?	waṣlet *mail*?
addēš sā^{c}a bil-*Internet*?	bēšḥāl sā^{c}a waḥde diyēl l-*Internet*?
mā fī(š) ittiṣāl	makēnš (i)ttisāl
irğa^c ba^{c}d sā^{c}a!	rğa^c ba^{c}d sā^{c}a!

Deutsch	Ägyptisch
Wo ist die Hauptpost?	fēn al-bosta ar-ra'isīya?
Haben Sie ein Telefonbuch von...?	ᶜandak daftar it-telefonāt biṭāᶜ...?
Bitte fünf Briefmarken nach Europa!	ẖamas ṭawābiᶜ li-ūrōpa lau samaḥt!
Was kostet ein Brief in die USA?	al-gawāb illa amrīka bikam?
Mit / ohne Luftpost.	gauwi / ᶜādi
Ich möchte ein Telgramm nach Österreich senden.	ana ᶜauwiz abᶜat telegrāf / telegrām lin-nimsa
Bitte ein Telegrammformular!	itfaḍḍal istimārit telegrāf!
Was kostet ein Wort?	kilma wāḥda bikam?
Wo ist der Briefkasten?	fēn ṣandū' il-barīd?
Wo ist der Schalter für...?	fēn šibbāk...?
Wie lange dauert ein Paket nach...?	aṭ-ṭard li... yāẖud addē?
Wo kann ich dieses Paket abholen?	istilām aṭṭrūd fēn lau samaḥt?
Wo muß ich unterschreiben?	fēn lāzim amḍi?
Kann ich nach ... telefonieren?	mumkin attiṣṣil bi...?
Ja, Kabine 2.	aywa, kabīna itnēn
Ich habe den Absender vergessen.	nisēt ar-rāsil / al-mursil
Ist die Adresse richtig?	il-ᶜinwān kida mazbūṭ?
Der Brief ist zu schwer.	al-gawāb te'īl
Was ist in dem Paket?	aṭ-ṭard dā fī ē?
Ein Einschreiben kostet ...	at-tasgīl bikallif...
Telegramme am Schalter 5!	at-telegramm šibbāk ẖamsa!
Ich habe eine Postanweisung und drei Postkarten.	ana ᶜandi taḥwila baridīya wa talāt krūt
Kann ich ein Postfach mieten?	mumkin a'agar ṣandū' barīd?
Bitte abstempeln!	itfaḍḍal al-ẖitm!

Syrisch	Marokkanisch
wēn il-barīd (ir-ra'īsi)?	fēn *La (Grande) Poste*?
^{c}andak dalīl it-tilifōn min...?	^{c}andak ktēb diyēl telefōn?
ẖams ṭawābi^{c} la-aurubba!	ẖamsat tnēbir l-aurubba! (*timbres*)
addēš bikallif maktūb la-amrika?	bēšḥāl briyya l-amrika?
ğauwi (*Par avion*) / ^{c}ādi	*Par avion / normal*
biddi ib^{c}at bar'īye lan-nimsa	bġīt nirsil *telegramme* l-nimsa
war'et bar'īya, min faḍlak!	warqat diyēl l-barqīya, min faḍlak!
addēš ḥa' il-kilme?	ēšḥāl klma waḥda?
wēn iṣ-ṣandū' il-barīd?	fēn ṣ-ṣundūq il-barīd?
wēn šibbāk il-...?	fēn il-gīši diyēl l-...?
addēš biṭauwel rizme / ṭard la...?	bēšḥāl l-katōna l-...?
mnēn lāzim aẖod ha-r-rizme?	mnīn nğīb hādl-kartōna?
wēn lāzim imḍi?	fēn it-tauqī^{c}?
mumkim bissauwi telefōn l-...?	mumkin n^{c}ayyet l-...?
ē, kabīna tnēn	ēh, fl-kabīna tnēn
nsīt il-mursil	nsīt l-mursil
il-^{c}inwān ṣaḥīḥ?	l-^{c}unwān / ladrīsa ṣaḥḥ?
il-maktūb taqīl (ktīr)	l-briyya tqīla bezzēf
šū fī bir-rizme / biṭ-ṭard?	šnūa fil-kartōna?
il-maktūb il-maḍmūn bikallif...	msōgar / rikumendi...
bar'īye šibbāk ẖamse!	barqīyāt fl-gīši ẖamsa!
^{c}andi ḥawāle baridīye ū	^{c}andi kulya w
tlēte krūt bostāl	tlāta kart postāl
mumkin i'ağar ṣandū' il-barīd?	mumkin nkri ṣandūq l-barīd?
il-ẖitm, min faḍlak!	dīr ẖatm, min faḍlak!

Deutsch	Ägyptisch
Ich suche...	ana badauwwer ^{c}ala...
... eine Wohnung	... ša'a
... ein Appartment	... ša'a
... eine kleine Villa	... *villa* ṣuġayra
... für ein Jahr	... li muddit sanna
... für zwei Jahre	... li muddit sannatēn
... mit Garage	... ma^{c} garāğ
... mit Parkplatz	... ma^{c} mau'af
... mit Zentralheizung	... ma^{c} tadfi'a markazīya
... mit Kinderzimmer	... ma^{c} ōdit aṭfāl
... mit Küche	... ma^{c} maṭbaẖ
... mit zwei Schlafzimmern	... ma^{c} odtēn nōm
... mit Garten	... ma^{c} ġenīna / ḥadīqa
... mit Satellitenfernsehen	... ma^{c} diš / satalayt
... mit Fahrstuhl	... ma^{c} a asansēr
... möbliert	... mafrūša
... unmöbliert	... fāḍya
... im Stadtzentrum	... fi wusṭ il-balad
... außerhalb der Stadt	... barra al-madīna
... in der Nähe des Ministeriums	... 'uriba ^{c}alal-wizāra
Wo ist das Maklerbüro ...?	fēn maktab as-simsār...?
Wie hoch die Miete?	al-ugra addē?
1000 Dirham pro Monat	alf dirham fiš-šahr
Wie hoch ist die Provision / Kaution?	al-'imūla addē?
Drei Monatsmieten im voraus.	talāt šuhur mu'addam
Wo liegt das Appartment?	fī ayy ḥayy aš-ša'a?
Ist das eine sichere Gegend?	dē manti'a aman?
Haben Sie eine andere Wohnung?	^{c}andak ša'a tānya?
Haben Sie eine billigere Wohnung?	^{c}andak ša'a arẖaṣ?
Diese Wohnung ist (viel) besser.	aš-ša'a dāa aḥsan bktīr

Syrisch	Marokkanisch
^{c}am bfatteš...	nfetteš...
... ši'a	... ppartma
... *appart(e)ment (engl./frz.)*	... *appartement (frz.)*
... *villa* ṣġīre	... *villa* ṣġīra
... li sinne	... l-sanna
... li sannatēn	... l-sannatēn
... ma^{c} garāğ	... ma^{c} garāğ
... ma^{c} *parking*	... *parking*
... ma^{c} šofāğ (*chauffage*)	... šofāğ
... ma^{c} uḍet il-ulād	.. bīt l-ulād
... ma^{c} maṣbaẖ	... kuzīna
... ma^{c} tnēn uḍet in-nōm	... ğūğ byūt n^{c}ās
... ma^{c} ḥadīqa	... ğarda (*jardin*)
... ma^{c} *dish*	... *parabole*
... ma^{c} lift / asansēr	... *ascenceur*
... mferša	... mferša
... mū mferša	... mā mferšāš
... fī wisṭ il-balad	... fī wasṭ-l-mdīna
... ẖāriğ il-mdīne / il-balad	... ẖāriğ l-mdīna
... 'urb il-wizāra	... qrība min il-wizāra
wēn mektab is-simsār ...?	fēn maktab s-simsār...?
addēš il-iğra?	ēšḥāl l-uğra / l-krā?
alf dirham biš-šahr	alf dirham fiš-šahr
addēš ir-rasm / iḍ-ḍamān?	ēšḥāl iḍ-ḍimāna?
tlāt-ušhur mu'addam	tlāte šhūr tesbīq
wēn iš-šī'a?	fēn l-ppartma?
hāda minta'a aman?	wēš hādi m(i)ntaqa aman?
^{c}andak manzil tāni?	^{c}andak ppartmaẖrā?
^{c}andak manzil arẖaṣ?	^{c}andak ppartma rẖaṣ?
hāl-manzil aḥsan (ktīr)	hād l-ppartma ḥsan (bezzēf)

Deutsch	Ägyptisch
Ich habe Hunger.	ana ga^{c}an
Ich habe Durst.	ana aṭšān
Kennen Sie ein gutes Restautant?	ti^{c}araf maṭ^{c}am kuwayis?
Ich möchte einen Tisch reservieren...	ana ^{c}auwiz aḥgiz tarabēza...
... für heute abend um 8 Uhr	... bil-lēl as-sā^{c}a tamānya
... für Samstagabend	... li yōm is-sabt bil-lēl
... für zwei Personen	... li šaḫṣēn
... für vier Personen	... li arba^{c} ašḫāṣ
Ist dieser Tisch frei?	at-tarabēza dē fāḍya?
Nein, der ist reserviert.	la'a, dē maḥgūza
Hier / dort ist besser.	hina / hināk aḥsan
Herr Ober!	garsōn! (*garçon*)
Bitte die Speisekarte!	lau samaḥt layḥat al-akl!
Haben Sie...?	^{c}andak...?
Was möchtest du trinken / essen?	^{c}auwiz tišrab / ta'kul ē?
Bitte bringen Sie...	ḥād li lau samaḥt...
... das Tagesmenü	... wagbit il-yōm
... zweimal *Kebab* mit Salat	... itnēn kabāb bi-salāta
... Steak mit Pommes Frites	... stēk bi šibs
... eine Gemüsesuppe	... šurbit ḫuḍar
... eine große Flasche Mineralwasser	... izzāzit māyya ma^{c}adanīya kabīra
... drei kleine Flaschen Bier	... talāt azayyiz bīra ṣaġirēn
... noch einen Orangensaft	... kamān wāḥid ^{c}aṣīr burtu'ān
... einen Kaffee mit / ohne Zucker	... ahwa mazbūṭ / sāda
... einen Pfefferminztee	... wāḥid (šay) ni^{c}na^{c}
... Senf / Ketchup	... mistarda / katšab
... Salz / Zucker	... melḥ / sukkar
... noch ein Messer / eine Gabel	... kamān sikkīna / šukka
... einen Löffel / einen Teelöffel	... ma^{c}l'a kabīra / ma^{c}l'a ṣġīra
... einen Aschenbecher	... ṭ'tu'
... eine neue Tischdecke	... mafraš gadīd
... Eiswürfel	... ḥitit talg

Syrisch	Marokkanisch
ana ǧuᶜān	fiyya ǧǧūᶜ
ana ᶜaṭšān	l-ᶜṭaš
btaᶜref maṭᶜam mnīḥ?	taᶜref maṭᶜam mlīḥ?
brīd ḥaǧz ṭaulē...	bġīt nḥeǧ tābla...
... li ᶜašīya sāᶜa tmēne	... l-yōm sāᶜa tmāne
... li yōm s-sabt	... l-yōm s-sabt
... la šaẖṣēn	... l-ǧūǧ n-nās
... la arbaᶜat ašẖāṣ	... l-arbaᶜat ašẖāṣ
hāṭ-ṭaulē fāḍye?	had-t-tābla ẖāwya?
lā, maḥǧūze	lā, ᶜāmra
hōn / hōnīk aḥsan	hnā ḥsan
garsōn!, yā muᶜallim!	garsōn!
min faḍlak, il-lista!	il-mīnu, min faḍlak!
ᶜandak...?	ᶜandak...?
šū baddak tišrub / tā´kul?	ēš tešrub / ta´kul?
ǧībli, min faḍlak, ...	ǧīb...
... ṣaḥn il-yōm	... mīnu l-yōm
... tnēn kebāb bi salaṭa / ẖass	... ǧūǧ kabāb (šawarma)
... *steak* maᶜ baṭāṭa	... stīk maᶜ *frites*
... šōrbet ẖıḍar	... sōbba diyēl-ẖuḍra
... anīnet may mᶜadanīye kbīre	... qarᶜa kbīra mā´ maᶜadani
... tlāte annīne bīra ṣġīre	... tlātat qarᶜāt ṣġīra diyēl l-bīra
... aṣīr birṭ'ān tāni	... zīd ᶜaṣīr burtuqāl
... aḥwa bi-sikkar / aḥwa sāda	... qahwa bi (blā) s-sokkar
... šay na'na	... tē (*thè*) bi-naᶜnāᶜ
... ẖardal / *ketchup*	... mutard (*moutarde*)
... meleḥ / sikkar	... melḥ / sokkar
... sikkīne / šōke	... mūs / furšetta
... malᶜa / malᶜa ṣġīre	... milᶜa / muġruf
... minfaḍa / ṭaffāya	... ṣandrīye (*cendrier*)
... mifraš ǧdīd	... kuwerta ǧdīda
... talǧ	... telǧ

Deutsch	Ägyptisch
Ich nehme...	ana ḥaẖud...
... Huhn mit Reis.	... firāẖ bir-ruzz
... einen Tomatensalat	... salātit ṭamāṭim
... Eis mit Schlagsahne	... ays-krīm bil-'išta (*ice-cream*)
Haben Sie Kuchen?	^{c}andak gatō / kēka?
Ich möchte nur ein Sandwich...	ana ^{c}auwiz bass sand(a)witš...
... mit Thunfisch	... tūna
... mit Käse	... gibna
Das habe ich nicht bestellt.	ana mā ṭalabtiš dā
Hier fehlt...	hina nā'is...
Das Essen ist kalt.	al-akl bārid
Das Bier ist warm.	al-bīra suẖna
Das Fleisch ist nicht durch.	al-laḥma miš mistiwiya
Der Fisch ist nicht frisch.	as-samak miš ṭāza'
Bringen Sie einen anderen Teller!	ṭab' ġēr lau samaḥt!
Guten Appetit!	bil-hanna wiš-šiffā'!
Zum Wohl! Prost!	fī ṣiḥḥitak!
Es (das Essen) war köstlich.	kān (al-akl) ḥelu / lazīz
Das Essen war nicht besonders.	al-akl kān nuṣṣ wa nuṣṣ
Ich trinke kein Bier.	ana mā bašrabš bīra
Ich mag keine Oliven.	ana mā baḥibbiš az-zētūn
Ich möchte lieber einen Rotwein.	ana ^{c}auwiz aḥsan nibēt aḥmar
Möchten Sie noch etwas essen?	^{c}auwiz tākul šwīyya kamān?
Noch einen Nachtisch?	kamān ḥelu?
Ich bin satt.	ana šab^{c}ān
Ich habe noch Hunger.	ana lissa ga^{c}an
Ich habe keinen Appetit.	ana mā ^{c}andiš nifs
Ich mache eine Diät.	ana ba'amil rugīm (*régime*)
Lassen Sie sich Zeit!	^{c}ala mahlak!, bi-raḥtak!
Ich habe schon bezahlt.	ana daf^{c}at
Bitte die Rechnung!	itfaḍḍal, al-ḥisāb!
Die Rechnung stimmt nicht.	al-ḥisāb miš mazbūṭ
Stimmt so.	kwayyis kidda!

Syrisch	Marokkanisch
bāẖod...	ġādi nāẖud
... farūğ bir-ruzz	... dğāğ ma^c rauz
... salaṭat banadōra	... šlāda māṭiša
... būza bil-išta	... *glace* ma^c *la crème*
... ^{c}andak ka^{c}k (*cake*) / gatō?	... ^{c}andak gatō?
... biddi bass *sandwich* (engl.) ...	bġīt ġīr *sandwich* (frz.)...
... tūn	... bi tōn
... ğibne	... bil-ğubna
hāda mā ṭalabto	... mā ṭlabtš hādi
hōn nā'es...	hnā nāqes...
il-akl bārid	l-akl bāred
il-bīra mū bārid	l-bīra dāfiya
il-laḥm mū kwayyes	l-lḥam mā tāyebš mizyān
is-samak mū ṭāzi'	is-samak māši frīš (*fraîche*)
ğībli ṣaḥn tāni!	ğībli tbsīl tāni!
ṣaḥḥtēn!	biṣ-ṣaḥḥa!
ṣaḥḥtēn!	ṣaḥḥtēn!
kān il-akl ktīr ṭayyib	kānt l-makla bnīna
kān il-akl mū ṭayyib (ktīr)	kānt l-makla māši matqūna
mā biḥibb il-bīra	mā nšrobš l-bīra
mā bhibb iz-zētūn	mā nbġīš iz-zētūn
biḥibb aktar nabīd aḥmar	nfaḍḍel ir-rūğ (*vin / rouge*)
biddak šī aẖar?	tibġi šī āẖar?
biddak ḥalwiyāt / *dessert*?	zīd *dessert*?
ana milyān	rāni šeb^{c}ān
ana šwayye ğu^{c}ān	rāni šwīyye ği^{c}ān
mā ^{c}andi ablīye	mā ^{c}andīš šahīyya
ba^{c}amil rižīm!	kandīr rižīm
mahlan - mahlan!	ẖud waqtak!
dafa^{c}t!	ẖalleṣt!
il-ḥisāb / il-fattūra, min faḍlak!	l-fattūra, min faḍlak!
l-ḥisāb mū maẓbūṭ	l-faktūra ġalṭa
trōk il-bā'i, kwayyes!	ẖalli līk l-bāqi!

Vorspeisen:

māza (Mezze)	verschiedene Appetitshappen mit Gemüse, ḥommos, Brot
tabbūle	Salat aus Weizengrütze, Petersilie, Zwiebeln und Tomaten
ḥommos	Erbsenpüree, Zusätze: Sesamöl, Zitronensaft, Knoblauch
bāba ġanūǧ	Auberginenpüree

Hauptspeisen:

kebāb	Spießbraten, Hammelfleisch
šawarma	Lammfleisch am Spieß (entspricht Döner/Gyros)
šīš ta'(w)ūk	Hühnerfleisch (am Spieß)
kufta	Fleisch(klößchen) im Fladenbrot
farūǧ / ǧād	Hühnchen
dīk	Pute, Truthahn, Hähnchen
fūl mdammas	Sojabohnen in Öl/Tomatensauce (bes. in Ägypten)
falāfel	gestampfte Bohnen im Fladenbrot
taǧīn (Tajine)	Schüssel mit Fleisch/Fisch, Gemüse (bes. in Marokko)
brochettes	Fleischspieß (Maghreb)
couscous	Huhn, Reis, Gemüse (Schüssel)
kibbe	Frikadellen aus Weizengrütze
kibbe nayye	rohes gehacktes Hammelfleisch
suǧuk / sōsis	(scharfe) Würstchen („Wiener")
merguez	Grillwürstchen
börek	gebratenes (und gerolltes) Fleisch mit Ei und Zwiebeln
harīra	typisch maghrebinische Suppe
harīssa	ketchupartiges scharfes Gewürz
lūbiya	Bohnen
yabra'	Weinblätterröllchen mit Reis und Gehacktem

Nachspeisen und Getränke:

tamar	Datteln
„değlet en-nūr“	Datteln 1. Qualität (Maghreb)
dattes fourées	Datteln mit Marzipan
knēfē / knāfa	Art flacher Pfannkuchen mit warmen Käse und Honig, sehr süß
baklawa	Süßwaren diverser Art mit Nüssen und Honig
kalbelouz	kalb el-lōz, Mandeln mit Honig
sfinğ	Krapfen
laban / labnē	Joghurt (auch: Milch)
nuṣṣ-nuṣṣ	auch: *café-crème* / ahwa ḥalīb; Kaffee mit Milch im Verhältnis 50:50
ayran	Art Buttermilch
mille-feuille	Blätterteiggebäck (frz. „Tausend Blatt”)
Petit Suisse	Joghurt-Sorte (oft generell für Joghurt benutzt)

Deutsch	Ägyptisch
Wo ist das Tourismusbüro?	fēn maktab as-siyāḥa?
Ist das der Weg...?	aṭ-ṭarī' dā ...?
... zur Altstadt	... lil-madīna 'adīma
... zur Kasbah	... lil-kasba
... zur Großen Moschee	... lil-gāmi^{c} kbīr
... zum Stadttor	... lil-bāb al-madīna
... zum Nationalmuseum	... lil-matḥaf al-waṭni
... zu den Pyramiden	... lil-ahrām
... zur Universität	... lil-gam^{c}a
... zum Hafen	... lil-mīna
... zum Strand	... liš-šaṭṭ
... zum Bahnhof	... lis-sikka al-ḥadīd / lil-maḥaṭṭa
... zum Hotel "Ramses"	... lil-otēl „ramsis"
... zum Kino "Mirage"	... lis-sīma „mirāğ"
Ich brauche keinen Stadtführer!	ana mā miḥtāg muršid siyāḥay!
Wie komme ich ins Zentrum?	izzay arūḥ wisṭ al-balad?
Wie weit ist es noch bis...?	... be^{c}īd addē min hina?
Wie heißt dieser Ort?	al-makān dā ismu ē?
Wie heißt dieses Stadtviertel?	al-ḥayy dā ismu ē?
Wo ist die nächste Haltestelle?	fēn a'rab miḥaṭṭa?
Wo ist der nächste Taxistand?	fēn a'rab mau'af taksi?
Kann ich hier parken?	mumkin *parkin*(g) hina?
Welcher Bus fährt zum Rathaus?	āni otobūs birūḥ ^{c}al-muḥāfza?
Ich habe mich verlaufen.	ana tuḥt
Ich habe mich verfahren.	ana tuḥt

Syrisch	Marokkanisch
wēn mektab is-siyāḥa?	fēn maktab s-siyāḥa?
hāda iṭ-ṭarī' ...	hāda it-trēg l-...
... lal-mdīne il-adīme	... l-mdīna l-qdīma
... lal-qal^{c}a	... l-kaṣba
... lal-ǧāmi^c il-kbīr	... l-ǧāmi^c il-kbīr
... la bāb-il-mdīne	... l-bāb el-mdīna
... lal-matḥaf il-waṭani	... l-matḥaf il-waṭani
... lal-ahrām	... l-ahrām
... lal-ǧāmi^{c}a(t)	... l-ǧāmi^{c}a(t)
... lal-marfa' / la-l-mīna'	... l-marsa
... lal-*plage*	... l-*plage*
... lal-mḥaṭṭa	... l-mḥaṭṭa
... lal-ōtēl ramsis	... l-ōtēl *ramses*
... la sinema *mirage*	... l-sinema *mirage*
mā biddi dalīl!	mā bgītš *guide*!
wēn iṭ-ṭarī' li wisṭ al-balad?	fēn it-treg l-*centre-ville*?
addēš kilo la...?	ēšḥāl men kilo l-...?
šū ism hāl-mdīne?	ēš ism hādl-mdīna?
šū ism hāl-ḥayy?	ēš ism hādl-ḥayy?
wēn a'rab mau'if / mḥaṭṭe?	fēn aqrab mauqif / lāri? (*l'arrêt*)
wēn a'rab mau'if taxi?	fēn plāssa diyēl t-taxi?
mumkin hōn *parking*?	mumkin npparki hnā?
anu bāṣ lāzim āẖod ^{c}al-baladīye?	ēš men tōbīs yeddi l-baladīya?
ḍayyā^{c}t aṭ-ṭarī'	ḍayye^{c}t
dayya^{c}ni-ṭ-ṭarī'	deyye^{c}t it-trēg

Deutsch	Ägyptisch
Zum Reisebüro der Lufthansa!	lil-maktab *Lufthansa*!
Haben Sie einen Stadtplan?	^{c}andak ẖarīṭa?
Ist der kostenlos?	dā bibalāš?
Gut, den nehme ich.	ṭayyib, ana ḥaẖod dā
Ich möchte...	ana ^{c}auwiz...
... eine Stadtrundfahrt machen	... gauwala siyaḥīya fil-madīna
... ein Flugticket kaufen	... aštri tazkarit ṭayarān
... einen Reiseführer von Tunis kaufen	... aštri dalīl musāfir li tūnis
... ein Auto mieten	... a'agar ^{c}arabīyya
... für das Theaterstück ... reservieren	... aḥgiz li masraḥīyat...
... ein Hotelzimmer buchen	... aḥgiz ōda...
Ist das Museum täglich geöffnet?	al-matḥaf biyaftaḥ yaumi(an)?
Kann ich hier photografieren?	mumkin assauwir hina?
Wann findet... statt?	imta ...?
... die Messe von Tripolis	... ma^{c}raḍ ṭrāblus
... das Festival in Kairo	... mahragān al-qāhira
... das Musikfest in Baalbek	... mahragān ba^{c}ālbak al-musīqi
Wo findet... statt?	fēn...?
... das Konzert von...	... al-konsērt biṭā^{c}...
... das Fußballspiel	... matš al-kurra al-qadam
... der Empfang des Ministers	... haflet isti'bāl al-wazīr
Gibt es...?	fī hina...?
... einen Bus nach Tlemcen	... otobīs li tlemsān
... eine Fähre nach Djerba	... ma'adīya li girba
... einen Zug nach Meknes	... aṭr li miknās
... einen Flug nach Ankara	... ṭayyāra li ankara
... ein Service-Taxi nach Babylon	... taksiyāt li bābil
... eine andere Möglichkeit, um... zu	... imkanīya tānya ^{c}ašan

Syrisch	Marokkanisch
lal-maktab *Lufthansa*!	l-maktab diyēl *Lufthansa*!
ᶜandak ḫāriṭa il-mdīne?	ᶜandak ḫāriṭa diyēl l-mdīna?
hāda maǧāni?	wēš hāda maǧāni / fābōr?
ṭayyib, bāḫod	ṣāfi / waḫḫa.
biddi...	bġīt...
... nštarik fi ǧaule il-mdine	... nštārek f-ǧaula l-mdīna
... nštari *ticket* iṭ-ṭayrān	... nšri biyyi iṭ-ṭayrān
... nštari dalīl min tūnis	... nšri gīd min tūnis
... ista´ağir sayyāra	... siyyārat-tā´ğīr
... ḥağz tazkira / *ticket* li-l-masraḥ	... nḥğez biyyi diyēl l-masraḥ
... ḥağz ūḍet il-ōtēl	... nḥğez bīt fl-ōtēl
il-matḥaf biyiftaḥ kill yōm?	l-matḥaf maḥlūl kull yōm?
mumkin iṣṣauwara hōn?	mumkin nṣauwwar hnā?
emta...?	waqtēš...?
... maᶜraḍ ṭrāblus	... maᶜriḍ ṭrāblus
... ḥaflat il-qāhira	... ḥaflat il-qāhira
... ḥaflat mūsi'īya fi baᶜalbēk	... ḥafla mūsiqīya li baᶜalbēk
wēn...?	fēn...?
... ḥafla mūsi'īya	... ḥafla mūsiqīya
... mubarāt kurrat il-qadam	... mubarāt kurrat l-qadam
... isti'bāl il-wazīr	... istiqbāl l-wazīr
fī hōn ...?	kē´in ...?
... bāṣ la tlimsān	... kār l-tlimsān
... safīna la ğerba	... babōr l-ğerba
... qiṭār la meknēs	... trēn l-meknās
... ṭayrān la ankara	... ṭayrān l-ankara
... (taxi-)sarwīs la bābil	... taxi-service l-bābil
... imkāniya tāniye li...	... imkāniya uḫra bēš...

Deutsch	Ägyptisch
Ich schaue mich nur etwas um.	ana bitfarrag bass
Was kostet das?	bikam da?
Wo gibt es...?	fēn 'ala'i...?
Das gibt es nicht.	ma fīš dā hina
Ausverkauft!	al-buḍāᶜa nafazit
Das ist sehr teuer.	dā ġāli giddan
Das ist zu teuer.	dā ġāli ᶜaleyya
Haben Sie etwas Billigeres?	ᶜandak ḥāga arẖaṣ?
Haben Sie nichts anderes?	mā ᶜandak šī ḥāga ẖālis?
dieselbe Form	nafs iš-šakl
eine andere Farbe	lōn tāni
eine Nummer größer	nimra akbar
eine Nummer kleiner/kürzer	nimra aṣġar / a'aṣar
Die Hose ist (zu) eng.	al-banṭalōn ḍayy' ẖālis
Kann ich anprobieren?	mumkin a'is?
Gut, das nehme ich.	māši, ana ḥaẖod dā
Nein, ich möchte das nicht.	la'a, ana miš ᶜauwiz dā
Geben Sie mir bitte das/hiervon...	iddīni min dā... / min hina...
Bitte tauschen Sie das um!	ġayyir li dā lau samaḥt!
Das ist keine gute Qualität.	dē nauᶜīya miš kuwayyisa
Ich bekomme noch Geld zurück.	al-bā'i lau samaḥt!
Geben Sie mir eine Rechnung!	iddīni waṣl lau samaḥt!
Ich habe kein Kleingeld.	mā ᶜandīš fakka
Ich komme später zurück.	ana ḥāgi baᶜdēn tāni
Welche Sorte?	ayy nōᶜ?
Welche Farbe?	ayy lōn?
So etwas?	zay kidda?
Ja, genau so etwas!	aywa, biz-zabt zay kidda!
Sonst noch etwas?	ayy ẖidma tāni?
Danke, das ist alles.	šukran, ẖalaṣ
Wo haben Sie das gekauft?	ištarētha fēn?
Das ist ein Sonderangebot.	dā okazyōn (*occasion*)
Wo stammt das her?	dā gay minēn?
Das ist erste Qualität aus Italien.	dā nauᶜīya darga ūla min itālya
Wie lange ist die Garantie?	aḍ-ḍamān addē?

Syrisch	Marokkanisch
ana bass atfarrağ	nšūf ġēr šwayya
addēš ḥa'o?	bēšḥāl...?
wēn...?	wēn...?
mā fīš hāda	mā kē'inš hāda
ẖalaṣ!	ẖalaṣ!
hāda ġāli ktīr	ġāli bezzēf!
hāda ġāli ktir ^{c}aley	ġāli bezzēf!
^{c}andak šī arẖaṣ?	^{c}andak šī hāğa rẖaṣ?
mā ^{c}andak ġēr šī?	mā ^{c}andakš hāğa uẖra?
nafs-iš-šakl	nafs-(i)š-šakl
ġēr lōn	ġēr lōn
nimra / iğās akbar	nemra kbar
nimra / iğās aṣġar / a'sar	nemra ṣġar
il-banṭalōn dayye'	l-banṭalōn ḍayeq / mzayyer
mumkin a'iṣ?	wēš neqder neğrib?
ṭayyib, bāẖdo	ṣāfi, nšri hāda
lā, mā biddi yāh	lā, mā bgītš hādi?
^{c}aṭīni min hād, min faḍlak!	^{c}ṭīni min...!
badilli yāh, min faḍlak!	beddel hāda!
hay ğins mū kwayyes	hādi-nau^{c}īya māši mizyāna
lāzim trağğa^{c}li li-kmāle!	nāqiṣ iṣ-ṣarf!
^{c}aṭīni fattūra!	ğīb li faktūra!
mā ^{c}andi frūṭa	mā ^{c}andīš ṣ-ṣarf
arğa^{c} ba^{c}dēn	nerğa^{c} men ba^{c}d
anu nō^{c}(a)?	ēš men nau^{c}?
anu lōn?	ēš men lōn?
mitl hāda?	kīf hāda?
ē, biḍ-ḍabt	ē, biḍ-ḍabt
kamān šī?	šī āẖar?
šukran, ẖalaṣ	kull šī, ẖalaṣ
wēn (i)štarēt hāda?	mnīn šrēt hāda?
hāda ^{c}arḍ ẖāṣ	hāda ^{c}arḍ ẖāṣ / *spéciale*
min (w)ēn hāda?	mnīn hāda?
hay ğins darğa ūla min itāliya	hāda nau^{c}īya ẖāṣa men itālya
kam sinne iḍ-ḍamān?	ēšḥāl diyēl -l-gāranti?

Deutsch	Ägyptisch
Was kostet...	bikam...?
... ein Kilo / Pfund...	... kilo / nuṣṣ kilo...
... ein Meter Stoff	... mitr al-'imāš
... eine Dose...	... ^{c}ilba(t)...
... ein Stück...	... al-ḥita...
... zwei davon	... itnēn min dā
... dieses Wörterbuch	... al-qamūs dā
Bitte anstellen!	u'af fiṭ-ṭabūr!
Wo ist die Herrenabteilung?	fēn al-qism ar-rigāli?
Ich suche die Damenabteilung.	ana biddauwar ^{c}ala qisma al-ḥarīmi?
Meine Konfektionsgröße ist 46.	ma'si sitta wa ^{c}arba^{c}īn
Ist das besser als das?	miš dā hina aḥsan?
Ist das hier schöner?	miš dā hina agmal?
Ist das teurer oder das?	dā aġlawalla dā?
Ich suche etwas wie das hier.	ana bidauwwir ^{c}ala ḥāga zay dā
Das gefällt mir.	dā ^{c}agibni
Das gefällt mir nicht.	dā miš ^{c}agibni
Ich nehme das dort.	ana ḥāẖod illi hināk dā
Und das dazu.	wa dā kamān
Haben Sie eine Kassette von...?	^{c}andak širiṭ...?
Ich suche eine CD von ...	ana bidauwwir ^{c}ala sīdī min...
Kennen Sie Feyrouz?	biti^{c}raf fayrūz?
Ich liebe arabische Musik.	ana baḥibb al-musīqa al-^{c}arabīya
Wer ist dieser Sänger?	mīn al-muṭrib dā?
Wer ist diese Sängerin?	mīn al-muṭriba dē?
Ich suche ein gutes Wörterbuch...	ana bidauwwir ^{c}ala qamūs kwayyis
... Deutsch /Arabisch	... almāni - ^{c}arabi
... Arabisch /Deutsch	... ^{c}arabi - almāni

Syrisch	Marokkanisch
addēš...?	ēšḥāl...?
... kīlo / nuṣṣ kilo, (libra)	... kīlo / nuṣṣ kīlo...
... mitr il-ʻimāš	... mitru wāḥed diyēl it-tūb
... ^{c}ulbet...	... ^{c}ulba...
... wāḥid / waḥda (min...)	... wāḥed / waḥda
... tnēn (min...)	... ğūğ, tnēn; zūğ (Ostmarokko)
... hāl-amūṣ	... hādal-qamūṣ / *dictionnaire*
fī ṣaff!!	kē´in ṣ-ṣaff!!
wēn ʻism lir-riğāl?	fēn qism diyēl ir-riğāl?
^{c}am bifatteš ^{c}an ʻism lis-seyyidāt	nfatteš ^{c}la qism diyēl is-sayyidāt
iğāzi sitte ū arba^{c}īn	nemra diyēli sitta w rba^{c}īn
hāda aḥsan min hādi?	wēš hāda (a)ḥsan min hādi?
hāda ağmal?	wēš hāda ağmal?
hāda aġla willa hāda?	hāda aġla wulla hādi?
^{c}am bifatteš ^{c}an šī mitl hāda	nfatteš ^{c}la šī hāğa kīma hāk
hāda ğmīl / ḥelu	hāda mizyān / zwīn
hāda mā ^{c}ağibni	mā nḥebbš hāda
bāẖdo; bāẖod hāda	hadīk li bġīt
ū hāda kamān	wa ḥetta hāda
^{c}andak kasēt min...?	^{c}andak kasēt (*frz. K7)* diyēl...?
^{c}am bifatteš ^{c}an sīdī min...	nfatteš ^{c}la CD diyēl...
bta^{c}ref Fērūz?	ta^{c}ref Fayrūz?
bḥibb il-musī'a il-^{c}arabīya	nḥebb l-musīqa iš-šarqīya
mīn hāl-muġanni?	škūn hādal-muġanni?
mīn hāl-muġannīya?	škūn hādil-muġannīya?
^{c}am bifatteš ^{c}an amūṣ kwayyes...	nfatteš ^{c}la qamūs mlīḥ
... almāni ^{c}arabi	... almāni ^{c}arabi
... ^{c}arabi almāni	... ^{c}arabi almāni

Deutsch	Ägyptisch
Haben Sie geöffnet?	fattaḥt?
Geschlossen!	muġla'!
Wir öffnen in einer Stunde.	ḥaniftaḥ baᶜd sāᶜa
Gehen Sie dorthin!	rūḥ hināk!
Wenden Sie sich an...!	itwaggi illa...!
Kommen Sie morgen wieder!	taᶜāla bukra tāni!
Heute ist das unmöglich.	an-naharda miš mumkin
Nächste Woche, kein Problem!	al-isbūᶜ al-gay, mā fīš muškila!
Kann ich hier warten?	mumkin astanna hina?
Das dauert nur 5 Minuten.	ḥayāẖud ẖams da'īya
Das dauert mir zu lange.	dā biyāẖud min wa'ti ketīr
Wer ist verantwortlich für...?	mīn mas'ūl ᶜan...?
Können Sie mir jemand empfehlen?	mumkin tinṣaḥni biḥad?
Können Sie...?	mumkin...?
... mir helfen	... tisᶜadni
... mich mit Herrn ... verbinden	... tiwassalni bil-ustāz...
... mir das hier besorgen	... tigibli dā hina
... das umtauschen/umändern	... tiġayyir lī dā
... diesen Brief abschicken	... tibᶜat lī gawāb dā
... dieses Paket abholen	... tigib lī aṭ-ṭard dā
... dieses Buch zurückgeben	... traggaᶜ lī al-kitāb dā
... diese Tasche mitnehmen	... tāẖod aš-šanṭa dī
Kann ich den Koffer hier zwei Stunden deponieren?	mumkin aẖalli š-šanṭa dē hina sāᶜtēn?
Könnten Sie bitte kurz auf mein Gepäck aufpassen?	mumkin lahza tiẖalli bālak ᶜāl šunati?

Syrisch	Marokkanisch
maftūḥ?	maftūḥ / maḥlūl?
muġla'!	muġlaq!
niftaḥ ba^{c}d sā^{c}a	nfetḥu ba^{c}d sā^{c}a
rūḥ la hōnīk!	sīr lhēh!
iḥki ma^c (is-sayyid)...!	ḍōr men...!
irğa^c bukra!	rğa^c ġedda!
miš mumkin il-yōm	l-yōm māši mumkin
ğ-ğum^{c}a il-ğaye, miš miškle	māši muškila s-simāna ğ-ğayye
mumkin antazir hōn?	mumkin nstanna hnā?
biṭauwel bass ḫams da'āya	ydīr ḫāmsat ddqāya
lā, biṭauwel ktīr	lā, ydīr bezzēf
mīn mas'ūl?	škūn l-mas'ūl?
mumkin tinṣaḥani aḥad?	ta^{c}ref šī aḥad mlīḥa?
mumkin...?	mumkin...?
... tis^{c}idni	... tse^{c}edni
... titaṣṣil ma^c is-sayyid...	... twaṣṣeṭ ma^c s-sayyid...
... tğīb lī hāda	... tḥeḍḍer hād-šī
... tġayyir hāda	... tġeyyer hāda
... tirsil hāl-mektūb	... tseyfeṭ hādl-brīyye
... tğlib hār-rizme	... tğīb hādl-bakīye / hādl-kartōna
... traǧği^c hāl-ktēb	... traǧǧa^c hādl-ktāb
... tiwaṣṣil hāš-šanṭa	... twaṣṣel hād-s-sāk
mumkin itrik iš-šanṭa hōn li-sā^{c}tēn?	wēš yimkin li nḫelli l-bagāğ hnā sā^{c}atēn?
mumkin tiḥris ^{c}ala šanāṭi ḫams da'āya?	yimkin teḥres / trāqib l-bagāğ ḫāmsat ddqāya?

Deutsch	Ägyptisch
Wo ist der nächste Herren-Friseur?	fēn a'arab ḥallā'?
Hat der Damen-Friseur geöffnet?	kawafēr as-sayyidāt fātiḥ?
Kann ich warten?	mumkin antezir?
Bitte einen Termin für morgen!	mumikin tiddīni mi^{c}ad li bukra?
Übermorgen um 9 Uhr wäre frei.	mumkin ba^{c}d bukra as-sā^{c}a tis^{c}a
Heute nachmittag wäre mir lieber.	aḥsan lī annaharda ba^{c}d aḍ-ḍuhr
Es tut mir leid, heute geht es nicht.	ana āsif, annaharda mā yanfa^{c}š
Haareschneiden, bitte!	'aṣ ša^{c}r lau samaḥt!
Mit Haarwäsche.	ma^c ġas(i)l ša^{c}r
Rasieren, bitte!	aḥla' lī lau samaḥt!
Wie möchten Sie das Haar geschnitten haben?	a'uṣlak azzay ša^{c}rak?
Scheitel rechts.	'uṣa ^{c}ala yasār
Sehr kurz.	'uṣayyir ẖālis
Nicht zu kurz!	miš 'uṣayyir auwi!
Nehmen Sie... etwas weg!	'uṣ min hina šwayye...!
... hier	... hina
... hinten	... wara
... vorne	... uddām
... an den Seiten	... ^{c}al gawānib
Ja, so ist es gut (besser).	aywa, kwayyis kidda (kidda aḥsan)
Trocknen Sie bitte das Haar mit dem Fön!	naššif lī aš-ša^{c}r bil-istišwār lau samaḥt!
Die Koteletten etwas kürzer!	'aṣr lī al-'utaf!

Syrisch	Marokkanisch
wēn a'rab ḥallā(q) lir-riǧāl?	fēn kē'in aqrab ḥallāq diyēl r-riǧāl?
il-ḥallā(q) lis-sayyidāt maftūḥ?	wēš ḥallāq s-sayyidāt maḥlūl?
mumkin ntazar?, lāzim istanna?	mumkin nstanna?
mumkin ta^{c}ṭīni lī mi^{c}ād li bukra?	mumkin nǧī ġedda?
mumkin ba^{c}d bukra s-sā^{c}t tis^{c}a	mumkin ba^{c}d ġadda ma^{c} it-tes^{c}ud
il-yōm ba^{c}d iḍ-ḍuh(u)r aḥsan	nfaḍḍal ba^{c}d iḍ-ḍuhr
^{c}āsif, il-yōm miš mumkin	l-yōm māši mumkin
brīd iṣṣ ša^{c}ri	bġīt nqaṭṭe^{c} ša^{c}ri
ma^{c} ġasl / šampu	ma^{c} l-ġsīl
biddi tišš illi da'ni!	mumkin trāsi li?
šlōn bitrīd iṣṣ ilak ša^{c}rak?	kīfēš tibġi lḥsāna?
far' yasār	farqa ^{c}l-yasār
aṣir ktīr	qaṣīr bezzēf
mū ktīr aṣīr!	ġīr šwiyya
ḫafīf li šwayye...!	ḫfīf šwīyye...!
... min hōn	... (min) hnā
... min wara	... ll-ūr
... min iddām	... guddām
... min iṭ-ṭrāf	... min ǧǧnāb
hēk kwayyes (aḥsan)	hākka mlīḥ (ḥsan)
naššifli ša^{c}ri biš-šešwār / bil-ǧaffāf!	ǧaffaf iš-š^{c}ar biš-šušwār!
ḫafīf li šwayye min is-sawālif!	ḫfīf šwīyye *les cotelettes*!

Deutsch	Ägyptisch
Ich möchte ins Kino gehen.	ana ᶜauwiz arūḥ ᶜas-sīma
Kennst Du diesen Film?	tiᶜraf al-film dā?
Ja, der ist sehr gut.	aywa, dā film mumtāz
Der ist nicht besonders.	dā film nuṣṣ-nuṣṣ
Wie heißt der Film?	al-film ismu ē?
Ist das ein amerikanischer Film?	dā film amrīki / amerkāni?
Nein, ein ägyptischer Film.	la'a, film maṣri
Eine Karte für um drei (Uhr).	tazkira li ḥaflit as-sāᶜa talāta
Zwei Karten für heute abend.	tazkiratēn li ḥaflit il-līla
Wann beginnt der Film?	al-film ḥayabd' emta?
Um 8 Uhr.	as-sāᶜa t-tamānya
Wo ist dieser Platz?	fēn al-kursi dā?
Diese Reihe, hier.	aṣ-ṣaff dā hina
Ist hier noch frei?	hina lissa fāḍi?
Wo sind die Toiletten?	fēn il-ḥammāmāt?
Wo ist der Ausgang?	fēn bāb il-ḫurūg?
Ist der Film mit Untertiteln?	al-film dā mutargam?
Ja, mit französischen Untertiteln.	aywa, mutargam fransāwi
Das ist ein Krimi.	dā film bolīsi
Zum Nationaltheater, bitte!	lil-masraḥ al-qaumi lau samaḥt!
Heute ist die letzte Vorstellung.	an-naharda al-ᶜarḍ al-aḫīr
Das Theaterstück ist phantastisch.	al-masraḥīya rauᶜa
Wer ist der Hauptdarsteller?	mīn al-baṭal?
Wie lange dauert die Vorstellung?	al-ᶜarḍ ḥayistamirr addē?
Wann ist Pause?	imta al-istirāḥa?
Drei Karten, Parkett.	talāt tazakīr, ṣāla
Zwei Karten für morgen.	tazkartēn li bukra
Zum Balkon, hier entlang?	ᶜal-balakōn, min hina?
Nein, dort entlang!	la'a, min hināk!

Syrisch	Marokkanisch
biddi rūḥ ᶜas-sīnema	bġīt nmši l-sīnema
btaᶜref il-film?	taᶜref l-film?
ē, il-film kwayyes	ē, l-film mlīḥ
il-film ḥēk-u-ḥēk	l-film māši mlīh
šū ism il-film?	šnū ism l-film?
hāda film amrīki?	wēš hāda film amrīki?
lā, film maṣri	lā, film miṣri
biṭā' / *ticket* li sāᶜat tlēte!	biyyi wāḥed sāᶜat tlāte!
biṭā'ēn lil-ᶜašīya!	ǧūǧ biyyi lil-yōm fl-lēl!
emta bīballiš / byibda il-film?	waqtēš yebda l-film?
s-sāᶜat tmāne	s-sāᶜat tmenya
wēn maḥalli?	fēn plāssa diyēli?
hāṣ-ṣaff, hōn	hādaṣ-ṣaff, hnā
hōn fāḍi?	ẖāwi hnā?
it-tu'alet, wēn?	fēn it-twālīt?
wēn il-maẖraǧ?	fēn l-maẖraǧ?
fī tarǧama / dablaǧa?	kē'in tarǧama?
ē, dablaǧa fransawīye	ē, kē'in tarǧama bil-fransawīya
hāda film bōlisi	hāda film bulīsi
ᶜal-masraḥ il-waṭani!	l-matḥaf il-waṭani!
il-yōm l-ᶜarḍ il-aẖīr	l-yōm l-ᶜarḍ l-aẖīr
il-ᶜarḍ ᶜaẓīm	l-masraḥiyya mlīḥa
mīn il-baṭal?	škun il-mumassil ir-ra'isi?
kam sāᶜa biṭauwel il-ᶜarḍ?	ēšḥāl tidīr l-masraḥiyya?
emta istirāḥa?	emta l-istirāḥa?
tlēte tazkirāt, ṣāle!	tlāte biyyi, ṣāla!
tazkiratēn la bukra!	ǧūǧ biyyi, ġedda!
ᶜal-balkōn, min hōn?	l-*balcon*, men hnā?
lā, min honīk! / hēk! (*Lib*)	lā, (min) lhīh!

Deutsch	Ägyptisch
Wo ist die nächste Tankstelle?	fēn a'rab maḥaṭṭat banzīn?
Was kostet ein Liter?	bikam al-litr?
Gibt es hier eine Werkstatt?	fī hina warša?
Die nächste Raststätte ist in 30 km.	al-istirāḥa al-gaya ba^{c}d talātīn kilo
Volltanken!	fauwwil!
10 Liter Normal.	^{c}ašra litr ^{c}ādi
25 Liter Diesel.	ḫamsa wa ^{c}ašrīn gās
Haben Sie kein bleifreies Benzin?	mā ^{c}andakš banzīn ḫāli min ar-ruṣāṣ?
Waschen Sie den Wagen!	aġsal lī al-^{c}arabīya!
Füllen Sie Kühlwasser nach!	imla lī ar-riditēr!
Überprüfen Sie die Bremsen!	šūf lī al-frāmil!
Pumpen Sie diesen Reifen auf!	imla lī al-kauwitšāt dē!
Überprüfen Sie die Bremsflüssigkeit!	šūf lī zēt al-frāmil!
Könnten Sie den Reifen wechseln?	mumkin tġayyir lī al-kauwitšāt?
Ich hatte einen Unfall.	ana ^{c}amalt ḥadsa
Ich brauche ein neues Rad.	ana miḥtāg ^{c}agala gadīda
Die Bremsen funktionieren nicht richtig.	al-farāmil miš šaġlēn kwayyis
Der Motor ist kaputt.	al-motor bayyiz
Es gibt ein Problem...	fī muškila ma^{c}...
... mit der Lenkung	... ad-dirksyōn (*direction*)
... mit der Kupplung	... dibriyāğ (*débrayage*)
... mit dem Licht	... an-nūr
... mit der Batterie	... al-baṭṭarīya
Können Sie mir helfen?	mumkin tes'adni?
Kein Problem.	mā fīš muškila!
Gerne!	min ^{c}ainayya auwi!
Haben Sie Werkzeug dabei?	ma^{c}k idā?
Ja, im Kofferraum.	aywa, fī šanṭat al-^{c}arabīya

Syrisch	Marokkanisch
wēn a'rab mḥaṭṭat banzīn?	fēn aqrab mḥaṭṭat / *station* banzīn?
addēš litr wāḥed?	bēšḥāl litru?
fī hōn warša?	kē'in garāǧ hnā?
a'rab il-maṭ^{c}am ba^{c}d tlētīn kīlo	aqrab maṭ^{c}am tlatīn kīlo
^{c}abbi yāh!	^{c}amelli *plein*?
^{c}ašra litr(āt), ^{c}ādi / *normal*	^{c}ašra litru / litro, issāns ^{c}ādi
ẖamse ū ^{c}ašrīn litr *diesel*	ẖamsa w ^{c}ašrīn litru *diesel*
mā ^{c}andak banzīn dūn raṣāṣ?	mā ^{c}andakš issāns blā raṣāṣ?
ġ(a)sol is-sayyāra!	teġsil lis-sayyāra!
^{c}abbi mayy bārde!	^{c}ammel l-mā diyēl it-tabrīd!
šūf il-frēnāt!	šūf l-franāt!
šūf id-daġt / il-hawa bi hāl-iṭār!	nfaẖ il-pnū! (*pneu*)
šūf mayye il-frēnat!	šūf l-mā diyē l-franāt!
mumkin tġayyir il-iṭār?	mumkin tġeyyir il-pnū?
(kān) ^{c}andi ḥādis sayyāra	dert ksīda
lazimni dūlāb ǧdīd	ẖassni pnū ǧdīd
il-frēnāt mā ^{c}am b(i)tištiġil	l-frān tẖasser
fī ^{c}aṭl fil-motōr	l-motōr tẖasser
fī muškila ma^c...	kē'in muškila ma^c ...
... id-dereksyōn	... id-dereksyōn
... iš-šānǧmān (*changement*)	... il-umbriyyāǧ
... iḍ-ḍau	... iḍ-ḍau
... il-baṭṭarīye	... l-bātri
mumkin tis^{c}adni?	mumkin tsē^{c}duni?
miš miškle	māši muškila
bi-surūr, tikram	blēǧmīl
^{c}andak ada?	^{c}andak idād?
ē, fī ṣandū' is-sayyāra	ē, fī ḥaqība iṭṭomobīl

Deutsch	Ägyptisch
Hilfe!	an-nagda!
Polizei!	bolīs!
Feuer!	ḥarī'a!
Ich hatte einen Verkehrsunfall.	ᶜamalt ḥadsa
Bitte helfen Sie mir!	saᶜadni lau samaḥt!
Holen Sie schnell einen Arzt!	ẖāt duktur bis-surᶜa!
Rufen Sie die Polizei!	uṭlub al-bolīs!
Ich habe keine Schuld am Unfall.	al-ḥadma dē miš zanbi ana
Kann ich Ihr Handy benutzen?	mumkin asta'mil al-mōbayl biṭā'ak?
Ich rufe die Versicherung an.	ana ḥatissil bi širkit at-ta'mīn
Ich habe hier Schmerzen.	al-hita' dē bitaugāni
Meine Frau muß sofort ins Krankenhaus.	marati lāzim trūḥ ḥallan lil-mustašfa
Sind Sie verletzt?	inta uṣibt?
Wo haben Sie Schmerzen?	al-wagaᶜ fēn?
Das Kind ist ohnmächtig.	aṭ-ṭafl uġma ᶜalē
Er hat einen Herzinfarkt.	ᶜando azma albīye
Haben Sie ein Pflaster?	ᶜandak blaster?
Machen Sie Platz!	wassaᶜ!
Geben Sie mir Ihre Adresse!	iddīni ᶜinwānak!
Warten Sie hier!	istanna hina!
Kommen Sie her!	taᶜāla hina!
Wo bleibt der Arzt?!	fēn id-duktūr?
Können Sie mich ins nächste Krankenhaus fahren?	mumkin tiwassalni li 'arab al-mustašfa?
Ich möchte in ein Privatkrankenhaus.	ana ᶜauwiz mustašfa ẖāṣa
Haben Sie eine Schmerztablette?	maᶜk biršāma liṣ-ṣudāᶜ?
Ich muß zum...	ana lāzim arūḥ...
... Augenarzt	... l-duktūr il-ᶜuyūn
... HNO-Arzt	... l-duktūr al-anf wa uzun wa ḥangara
... Hautarzt	... l-duktūr al-amrāḍ al-gildīya

Syrisch	Marokkanisch
nağde!, daḫilkon!	nağde!
bolīs!	bulīs!
nār!, ḥarī'!	nār!, ^{c}āfya!
^{c}andi ḥādis sayyāra	(kān) ^{c}andi ksīda
s^{c}adni!	teqder tsa^{c}dni?
ğīb il-ḥakīm bis-sur^{c}a!	itbelleġ ṭabīb biz-zerba!
ğīb il-bolīs!	dīr tilifūn l-bulīs!
il-ḥādis - hāda mū zambi!	l-ksīda mēši ġalaṭ diyēli!
mumkin istaḫdim is-sellulēr? (*cellulaire*)	mumkin istaḫdim l- *portable* diyēlak?
bitalfin širket t-ta'mīn	n^{c}ayyet *l'assurance*
hōn ^{c}am byūğa^{c}ni	^{c}andi wğa^{c} hnā
mārti lāzim trūḥ ḥalla ^{c}al-mustašfa	marti lāzim temši dēba l-ṣbīṭār
^{c}andak iṣāba?	^{c}andak iṣāba?
wēn ^{c}andak wağa^{c}?	fēn l-wğa^{c} diyēlak?
iṭ-ṭifl ġamyān	id-derri seḫfēn / mğayyeb
^{c}ando 'adaqqa albīya	^{c}ando sakta qalbīya
^{c}andak laz(q)a?	^{c}andak fāsma?
^{c}aṭi ṭarī'!	dīr plāssa!
^{c}aṭīni ^{c}inwānak!	^{c}ṭīni l-^{c}unwān diyēlak!
(i)stanna hōn!	stanna hnā!
ta^{c}āla hōn!	aği!
wēn il-ḥakīm!!	fēn iṭ-ṭbīb!!
mumkin tawassalni illa a'rab-il-mustašfa?	yimkin tddīni l-aqrab iṣ-ṣbīṭār?
biddi rūḥ ^{c}al-mustašfa ḫāṣa	bġīt nimši l-ṣbīṭār ḫāṣ
^{c}andak *Aspirin*?	^{c}andak *Aspirin*?
lāzim (bi)ruḥ ^{c}al-ḥakīm...	lāzim nimši l-ṭbīb l-...
... il-^{c}uyūn	... ^{c}aynīn
... il-anf wal-uzn wal-ḥanğara	... anf-uzn-ḥanğara
... il-amrāḍ il-ğildīye	... amrāḍ ğildīya

Deutsch	Ägyptisch
Ich muß zum Arzt.	ana lāzim arūḥ lid-duktūr
Wo ist der nächste Arzt?	fēn a'arab duktūr?
Es tut hier weh.	al-ḥita dē bitauga^{c}ni
Ich habe seit gestern Fieber.	ana ṣuḫn min imbāriḥ
Mir ist heiß. (f)	ana ṣuḥn
Mir ist kalt.	ana bardān
Mir ist schwindlig. (f)	ana dayāḫ
Ich bin ständig müde.	ana ^{c}ala ṭūl ṭa^{c}bān
Ich habe...	ana ^{c}andi...
... Kopfschmerzen	... ṣudā^{c}
... Bauchschmerzen	... maġaṣ
... Zahnschmerzen	... waga^{c} sinān
... Halsschmerzen	... waga^{c} fiz-zōr
... überall Schmerzen	... alām fi kul gismi
... besonders hier Schmerzen	... alām ḫāṣatan hina
Ich habe diese Schmerzen noch nie gehabt.	mā ḥasitš bi alām zay dē 'abl kidda
Ich habe diese Schmerzen...	^{c}andi alām zay dē...
... öfter	... mirāran /dayman
... einmal im Monat	... marra fiš-šahr
... nur nachts	... bass bil-lēl
... nur am Tage	... bass bin-nahār
... nur bei Hitze	... bass fil-ḥarr
... nur im Ausland	... bass fil-ḫārig
... nach dem Sport	... ba^{c}d mumārsit ar-riyāḍa
Das ist nicht weiter schlimm.	dē hāda basīṭa
Wir müssen ... untersuchen.	lāzim aḥallil...
... Ihr Blut	... dammak
... Ihren Stuhl	... al-burāz biṭā^{c}ak
... Ihren Urin	... al-bōl biṭā^{c}ak
Wir müssen Ihren Blutdruck messen.	lāzim 'a'īṣ daġat ad-damm

Syrisch	Marokkanisch
lāzim ašūf diktōr / ḥakīm	bġīt nimši l-ṭbīb
wēn a'rab ḥakīm?	fēn aqrab ṭṭbīb?
^{c}am byūğ^{c} hōn	^{c}andi ^{c}alam hnā
^{c}andi ḥarāra men mbēreḥ	^{c}andi ḥemma men mbēreḥ
ana mšauwwib (mšaube)	fiyya sẖāna
ana bardān	fiyya l-berd / l-grīpa
ana dāyiẖ (dayẖa)	^{c}andi dauẖa
ana dayman ṭa^{c}bān(a)	ana dīma ^{c}ayyān(a)
^{c}andi...	^{c}andi...
... ṣudā^{c}	... l-ḥrēq fi-rāsi
... waġa^{c} bil-baṭn	... wğa^{c} fl-me^{c}da
... waġa^{c} isnān	... wğa^{c} diyēl is-snān
... waġa^{c} fil-ḥanğara	... wğa^{c}fl-ḥanğura
... waġa^{c} fi kill ğismi	... wğa^{c} fi kull mkān
... waġa^{c} ẖāṣatan hōn	... wğa^{c} ktīr hnā
^{c}andi hāl-waġa^{c}...	^{c}andi hādil-wğa^{c}...
... auwal marra	... mā šī marra
... mirāran	... marrāt
... marra biš-šahr	... marra fi-š-šahr
... bass bil-lel	... ġīr fil-lī
... bass bin-nahār	... ġīr fin-nahār
... bass ẖilāl-il-ḥarāra	... ġīr fil-ḥarāra
... bass bil-ẖāriğ	... ġīr fl-ẖāriğ
... ba^{c}d mumārsit ir-riyāḍa	... ba^{c}d a-s-sbōr
hāda basīṭa	hāda māši ẖaṭīr
lāzim afḥaṣ...	lazim faḥṣ / taḥlīl...
... dammak	... id-damm
... ẖurūğ tabā^{c}k	... iẖrāğ l-me^{c}ida
... il-bōl	... l-baul
... daġt id-damm	... daġt id-damm / lattensiyu

Deutsch	Ägyptisch
Das muß geröntgt werden.	dā lāzim ni^{c}mil iš-šā^{c}a
Machen Sie sich keine Sorgen!	mā tišġilš bālak!
Was fehlt Ihnen?	^{c}andak ē?, ḥaṣal ē?
Ich friere immer.	ana ^{c}ala ṭūl bardān
Ich schwitze ständig.	ana ^{c}ala ṭūl ba^{c}ra'
Ich brauche dringend Penizillin.	ana miḥtāg ḥallan binisilīn
Das Bein ist gebrochen.	rigli itkasarit
Kommen Sie morgen wieder!	ta^{c}āla bukra tāni!
Gehen Sie sofort ins Krankenhaus!	rūḥ ḥallan ^{c}al-mustašfa!
Gehen Sie zu diesem Arzt!	rūḥ li duktūr dā!
Gute Besserung!	bil-šiffa!
Sie können sich anziehen.	itfaḍḍal ilbis!
Strecken Sie die Zunge raus!	tal^{c}ak lisānak!
Hatten Sie diese Schmerzen schon einmal?	al-waga^{c} dā galak 'abl kidda?
Nehmen Sie diese Medizin...	ẖud ad-dauwa dā...
... zweimal am Tag	... marratēn fil-yōm
... nur bei starken Schmerzen	... bass lama al-waga^{c} yazdād
Wie oft muß ich das nehmen?	addē āẖud dā?
Dieses Medikament ist...	ad-dawa dā...
... veraltet	... mi^{c}ad ṣalāḥitu fāt
... sehr wirksam	... sarī^{c} bil-maf^{c}ūl
... nicht für Kinder	... miš lil-aṭfāl

Syrisch	Marokkanisch
lāzim ašši^{c}	lāzim tsāwer
mā tištiġil bālak!	mā t̲hefš!
šū bak?	fēn ^{c}andak waǧa^{c}?
ana dayman bardān	^{c}andi dīma l-brūda
ana dayman mšauwwib	^{c}andi dīma s-s̲hāna
lazimni bis-sur^{c}a *Penicilin*	lazemni bez-zerba *Penicilin*
kasara ir-riǧl	tharsāt liyya reǧli
irǧa^{c} bukra!	rǧa^{c} ġedda!
rūḥ ḥalla ^{c}al-mustašfa!	sīr dēba l-ṣbīṭār!
imši ^{c}al hāl-ḥakīm!	sīr l-hād-ṭbīb!
salāmtak!	slāmtek!
ilbis!	lbes hwagaǧǧek!
meddi lisānak!	h̲arreǧ nsālek!
kān ^{c}andak hāda-waǧa^{c} abl?	wēš ^{c}andak al-alam ūwel marra?
h̲ōd had-dawa...	h̲ud hād-dwā...
... marratēn fil-yōm	... ǧūǧ marrāt kull yōm
... bass lama waǧa^{c} byezdad	... ġīr h̲ilal bezzēf waǧa^{c}
kam marra lāzim bāh̲do?	ēšḥāl men marra nāh̲ud id-dwā?
hād-dawa...	hāda-dwā...
... h̲āliṣat mitadda	... qdīm bezzēf
... sarī^{c} al-maf^{c}ūl	... fa^{c}āl bezzēf
... miš lil-aṭfāl	... mamnū^{c} lid-drēri

Deutsch	Ägyptisch
Welche Krankheiten haben (hatten) Sie?	ē al-maraḍ illi ᶜandak (kān ᶜandak)?
Aids	ayds
Asthma	rabū'
Blinddarmentzündung	muṣran al-a'auwar
Cholera	kolera
Diabetes	sukr
Diphtherie	difterīya
Gelbsucht	yara'ān, al-ḥumma aṣ-ṣafra
Grippe	nazlit bard
Keuchhusten	kuḥḥa, suᶜāl dīki
Krebs	saraṭān
Lungenentzündung	iltihāb riᶜwi / iltihāb ir-ri'itēn
Malaria	mālarya
Masern	ḫasba
Pocken	gudari
Ruhr	dusintārīya
Tuberkolose	sull / sill
Typhus	tayfūs / tayfūd
Windpocken	gudari
Wann hatten Sie Typhus?	kān ᶜandak tayfūs imta?
Hat Ihr Mann auch Pocken?	gōzek kamān kān ᶜando gudari?
Haben Sie eine Allergie gegen...?	ᶜandak ḥassāsīya ḍidd...?
Diese Krankheit...	al-maraḍ dā...
... ist nicht gefährlich	... miš ḫaṭīr
... sehr gefährlich	... ḫaṭīr giddan
... gibt es besonders in Oasen	... maugūd ḫāṣatan fil-wāḥāt
Nehmen Sie noch andere Medikamente?	bitāḫod adwīya tānya?
Sind Sie schwanger?	inti ḥāmil?
Ich habe mich übergeben.	ana istanta't
Ich habe mir den Fuß verstaucht.	rigli itgazāᶜit
Was haben Sie gegessen?	akalt ē?
Ruhen Sie sich eine Woche aus!	ḫud rāḥa li muddit isbūᶜ!
Bleiben Sie drei Tage im Bett!	ḫud talāt-iyyām rāḥa fis-sarīr!

Syrisch	Marokkanisch
ayye amrāḍ (kān) ᶜandak?	ēš men amrāḍ ᶜandak?
Aids / sīda	sīda
rabū	iḍ-ḍīqa, ḫanqa
iltihāb iz-zāyde	iltihāb iz-zāyda
kōlera	kōlera
marad̩ (is-)sikkar(i)	merḍ is-sōkkar
diftēriya, ḫanū’	diftērīya
rī’ān	rīqān
grīb	berd, grīpa, nezla
suᶜāl dīki	suᶜāl dīki
saraṭān	saraṭān, kunṣīr (*cancer*)
iltihā rī’awi	iltihā ri’awi
malārya	malārya
ḥaṣbe, ḥmēra	ḥmēra
ğidri	ğidri
ẓinṭarīye	zintarīya
sill	sill
tifoīd	tīfus
ğidri mayy	ğidri mayy
emta kān ᶜandak tifoīd?	waqtēš kān ᶜandak tīfus?
ğōzak, ᶜando kamān ğidri?	wēš zōğ diyēlak ᶜando ğidri?
ᶜandak ḥasāssīya ḍidd...?	ᶜandak l-ḥassāsīya diyēl...?
hāl-maraḍ...	hādal-marḍ...
... mū ḫaṭīr	... mēši ḫaṭīr
... ḫaṭīr ktīr	... ḫaṭīr bezzēf
... ḫāṣatan fil-wāḥāt	... ḫāṣ fil-wāḥāt
tistaḫdim ġēr idūye?	katāḫu dwā ḫur?
inti ḥāmil?	nti ḥāmla?
qā´at / rāğaᶜat	(ka-)ntqiyya
iltawa (q)adami	ltwa gedmi
šū akalt?	wēš klīt?
ḫud rāḥa li muddit usbūᶜ!	lāzim istirāḥa, ᶜel-l-aqall simāna
ḫallīk tlēt ayām fi-s-sarīr!	ḫallīk telt ayyām fl-frāš!

Deutsch	Ägyptisch
Wo ist der nächste Zahnarzt?	fēn a'rab duktūr sinān?
Wann öffnet die Praxis?	al-'iyāḍa tatiftaḥ imta?
Kann ich gleich warten?	mumkin antadir del-wa'ti?
Kommen Sie in zwei Stunden!	ta^{c}āla ba^{c}d sā^{c}tēn!
Kann ich morgen kommen?	mumkin agi bukra?
Übermorgen?	ba^{c}d bukra?
Ja, gut.	aywa, ṭayyib
Ich habe Zahnschmerzen...	sināni biti'ugā^{c}ni
... seit gestern	... min imbāriḥ
... seit drei Tagen	... min talāt-iyyām
... seit einer Woche	... min isbū^{c}
... hier auf der linken Seite	... hina fin-niḥya aš-šimāl
... hier auf der rechten Seite	... hina fin-niḥya al-yemīn
Das Zahnfleisch blutet.	al-lissa bitnazzil damm
Die Plombe ist herausgefallen.	il-ḥašu wi'i^{c}
Ich habe ein Problem...	^{c}andi muškila ma^{c}...
... mit dem Gebiß	... ṭa'm as-sinān
... mit der Krone	... at-tāg, at-tarbūš
... mit der Brücke	... al-kubri
Öffnen Sie den Mund!	iftaḥ bu'ak!
Spülen Sie!	maḍmaḍ bu'ak!
Spülen Sie noch einmal!	itmaḍmaḍ marra kamān!
Der Zahn muß gezogen werden.	ad-dirs lāzim yit̲halli^{c}
Ich muß die Plombe wechseln.	lāzim aġayyir al-ḥašu
Ich gebe Ihnen zuerst eine Spritze.	h̲addik fil-auwal ḥu'na
Fertig. Alles in Ordnung.	h̲alaṣ, kullu tamām!
Kommen Sie in ... Tagen wieder!	ta^{c}āla ba^{c}d ... iyyām tāni!
Zwei Stunden nichts essen und trinken!	sā^{c}tēn lā takul walla tišrab!
Nicht rauchen und kein Alkohol!	mā tidah̲anš walla tišrab h̲umūr!

Syrisch	Marokkanisch
wēn a'rab ḥakīm isnān?	fēn aqrab ṭbīb diyēl l-isnān?
emta btiftaḥ il-^{c}i′āde?	waqtēš tiftaḥ l-^{c}i′āda?
mumkin (i)ntazar?	mumkin nstanna?
irǧa^{c} ba^{c}d sā^{c}atēn!	irǧa^{c} ba^{c}d sā^{c}tēn!
mumkin iǧi bukra?	mumkin irǧa^{c} ġedda?
ba^{c}d bukra?	ba^{c}d ġedda?
ē, ṭayyib	wāẖẖa
^{c}andi waǧa^{c} isnān...	^{c}andi wǧa^{c} diyēl snān
... munzu /min mbēreḥ	... men lbēreḥ
... munzu tlēt-iyyām	... men tlāt ayyām
... munzu usbū^{c}	... men simāna
... hōn šmāl	... hnā yasār
... hōn yamīn	... hnā yamīn
fī damm bil-lisa	kē′in damm fl-llham diyēl isnān
saqaṭat il-ḥašwa	kasrāt l^{c}māra
^{c}andi muškila ma^{c}...	kē′in muškila ma^{c} ...
... šaddit isnān	... šaddat snān
... it-tāǧ	... it-tāǧ
... il-ǧisr	... il-ǧisr
iftaḥ timmak!	iftaḥ fummak!
naẓẓif timmak!	šellel!, *gargarisez*!
... marra tānya!	... zīd (marra)!
lāzim yinẖalli^{c} is-sinn	lāzim nglā′a is-sinna
lāzim ibaddil il-ḥašwa	lāzim nbeddal l-ḥašwa
lāzim auwalan ^{c}ibra	lāzim auwalan l-^{c}ibra
ẖalaṣ, kill šī kwayyes	sāfi, kull šī mezyān
irǧa^{c} ba^{c}d ... iyyām!	irǧa^{c} ba^{c}d ... ayyām!
sā^{c}atēn lā takul wa lā tišrab!	sā^{c}tēn mā tākul mā tšrub!
la tidaẖẖīn wa lā tišrab kuḥūl!	mā tdiẖẖin wa mā tšrub kuḥūl!

Deutsch	Ägyptisch
Haben Sie etwas gegen...?	ᶜandak ḥāga ḍidd...?
... Durchfall	... al-ishāl
... Verstopfung	... al-imsāk
... Kopfschmerzen	... aṣ-ṣudāᶜ
Bitte ...	iddīni...
... ein Pflaster	... blaster
... ein Thermometer	... termomitr
... einmal Aspirin	... asbrīn
... eine Packung...	... ᶜilba...
... zwei Packungen...	... ᶜilbtēn...
Haben Sie ein anderes Mittel?	ᶜandak dauwa tāni?
Welches Mittel können Sie empfehlen?	tinṣaḥni bi ani dauwa?
Woher stammt das Medikament?	ad-dauwa dā minēn?
Ich nehme lieber das Import-Produkt.	ana bāẖud aḥsan al-mistaurid
Wie oft muß ich die Tabletten nehmen?	kam marra lāzim āẖud al-biršām?
3x täglich	talāt ayyām yaumīan
zwei am Morgen,	marratēn aṣ-ṣabaḥ,
eine am Abend	marra bil-lēl
Dieses Medikament...	ad-dauwa dā...
... ist sehr stark	... gāmid giddan
... nur bei Schmerzen nehmen	... bass tāẖdo lama tiḥiss bil-wagaᶜ
... hat viele Nebenwirkungen	... aᶜrāḍ gānibīya

Syrisch	Marokkanisch
ᶜandak šī / idūye ḍidd...?	ᶜandak dwā ḍidd...
... ishāl	... l-ishāl, ğārīya
... imsāk	... kerš meqbūda, taᶜṣām
... ṣudāᶜ	... ṣudāᶜ diyēl ir-rās
ᶜaṭīni...	ᶜṭīni...
... laṣqa	... laṣqa / fāṣma
... miqyēs il-ḥarāra, termomitr	... miqyās diyēl il-ḥemma
... *Aspirin*	... *Aspirin*
... ᶜilbet...	... ᶜulba...
... ᶜilbatēn...	... ğūğ ᶜulbāt...
ᶜandak ġēr idūye?	ᶜandak dwā āẖur?
šū aḥsan dawa?	šnū aḥsan dwā?
min ayy balad hād-dawa?	mnīn hāda?
bāẖod aḥsan il-mustaurid	kanfaḍḍel l-mustaurid
addēš ḥabba bin-nahār?	ēšḥāl min waḥda kill yōm?
tlēte kill yōm	tlāta
tnēn fi-ṣ-ṣubh ū waḥde fil-masā´	ğūğ fi-ṣ-ṣbāḥ w waḥde fl-lēl
hād-dawa...	hādi-ddwā...
... auwi ktīr	... nāfeᶜ bezzēf
... bass tāẖdo iza ᶜandak wağaᶜ	... ġīr ᶜla kān lwğaᶜ ktīr / qwī
... ᶜando faᶜāliyāt iḍāfīye	... ᶜandu ᶜawāqib auwīye

Deutsch	Ägyptisch
Muß ich ins Krankenhaus?	lāzim atna'il ^{c}al-mustašfa?
Sie müssen sofort zum Arzt!	inta lāzim tirūḥ ad-duktur ḥālan!
Wo ist die Aufnahme?	fēn ('ism) al-isti'bāl?
Warten Sie hier!	intizir hina!
Setzen Sie sich dorthin!	itfaḍḍal iglis hināk!
Gehen Sie ins Wartezimmer!	rūḥ fī ūdit al-intizār!
Der Arzt kommt gleich.	ad-duktur ḥa'igi ḥālan
Waren Sie beim Arzt?	kunt ^{c}and ad-duktur?
Sind sie zum ersten Mal in diesem Krankenhaus?	ḥaḍratik hina li auwil marra fil-mustašfa dē?
Wo sind Sie versichert?	fēn inta mi'amin ṣiḥḥi?
Die Behandlung muß bar und sofort bezahlt werden.	maṣārif al-^{c}ilāg lāzim tadfi^{c} kāš mu'addam
Dort ist die Kasse.	hināk al-ẖazna
Gehen Sie in das Krankenhaus am Märtyrerplatz!	rūḥ ^{c}al-mustašfa illi fī midān aš-šuhadā'!
Ich gebe Ihnen ein Schmerzmittel.	ana ḥadīk ḥāga lil-waga^{c}
Sie müssen operiert werden.	lāzim ni^{c}mil ^{c}amalīya
Die Operation ist am Freitag.	al-^{c}amalīya yōm al-gum^{c}a
Die Verletzung ist nicht gefährlich.	al-iṣāba miš ḥaṭr
Wie lange sind Sie schon krank? (f)	min imta inta (inti) marīḍ(a)?
Sie sind gesund.	inta sālim / inta ẖafayt
Hier ist Ihr Rezept.	itfaḍḍal ar-rušēta!
Das ist die Rechnung für die Behandlung.	dā ḥisāb maṣārif al-^{c}ilāg
Gehen Sie in die Zentral-Apotheke!	rūḥ ^{c}ala al-agzaẖāna al-ra'īsīya!
Wie lange dauert die Behandlung?	al-^{c}ilāg ḥayaẖud addē?
Ich fliege nach Deutschland zurück.	ana rāgi^{c} ^{c}ala almānya

Syrisch	Marokkanisch
lāzim rūḥ ^{c}al-mustašfa?	lāzim rūḥ l-ṣbiṭār?
lāzim trūḥ ḥalla ^{c}al-ḥakīm!	rūḥ dēba l-ṭbīb!
wēn il-istiqbāl / it-tasğīl?	fēn kē´in l-istiqbāl / l-*réception*?
stanna hōn!	stanna hnā!
iğlis hōnīk!	iglis lhīh!
rūḥ ^{c}al ṣālat il-intizār!	rūḥ l-bīt l-intizār!
byiği il-ḥakīm ba^{c}d šwayye	ba^{c}d šwiyya ġādi iği iṭ-ṭbīb
kint ^{c}anda-d-doktor?	wēš kunt ^{c}and iṭ-ṭbīb?
inte li auwil marra	inta awal marra hnā?
fī hāl-mustašfa?	
^{c}andak ayy ta´mīn ṣiḥḥi?	ēš men *assurance* / ta´mīn ^{c}andak?
lāzim tidfa^{c} il-^{c}ilāğ	lāzim tḫalleṣ hnā dēba
ḥalla' u kāš	w naqdan / kāš
il-ḫazīne hōnīk	*la caisse* lhīh
rūḥ ^{c}al-mustašfa	rūḥ l-ṣbiṭār f-plāssa /
fi sāḥat iš-šuhadā´!	f-sāḥat iš-šuhadā´!
b^{c}aṭīk *Aspirin*	hāk *Aspirin*!
lāzim ni^{c}mal ^{c}amalīya	lāzim ^{c}amalīya (ğirāḥīya)
il-^{c}amalīya yōm iğ-ğum^{c}a	ndīru l-^{c}amalīya ğ-ğum^{c}a
il-iṣābe mū ḫaṭīra	l-iṣāba māši ḫaṭīra
kam yōm inte/inti marīḍ(a)?	ēšḥāl mudda inta (inti) mrīḍ(a)?
inte sālim	inta ṣḥīḥ
tfaḍḍal(i), il-waṣfe / ir-rašēṭa!	tfaḍḍal, l-waṣfa!
tfaḍḍal il-fattūra lil-mu^{c}ālağa!	hāk il-faktūra!
rūḥ ^{c}aṣ-ṣaidalīye il-ra'isīye!	rūḥ l-farmašīya *central*!
addēš bīṭauwel il-mu^{c}ālağa?	ēšḥāl yidīr l-faḥṣ?
birğa^{c} ^{c}al almānya	nirğa^{c} l-almānya

Deutsch	Ägyptisch
Wo gibt es Arabisch-Kurse?	fēn fī kursāt lil-luġa al-^{c}arabīya?
Was kostet ein Sprachkurs?	kurs al-luġa bikam?
Wann beginnt die Ausbildung?	ad-dirāsa ḥatibda' imta?
Wie lange dauert der Kurs?	al-kurs ḥayu^{c}ad addē?
Ich möchte Hocharabisch lernen.	ana ^{c}auwiz at^{c}allim al-fuṣḥa
Ich möchte lieber Dialekt lernen.	ana ^{c}auwiz at^{c}allim aḥsan al-^{c}āmīya
Gibt es einen Ägyptisch-Kurs?	fī kurs lil-lahga al-maṣrīya?
Geben Sie mir einen Stundenplan!	iddīni gadwal as-sā^{c}āt ad-dirāsīya!
Ich möchte mich einschreiben...	ana ^{c}auwiz asaggil nafsi...
... für den Anfängerkurs	... fī kurs al-mubtadi'īn
... für den Libanesisch-Kurs	... fī kurs al-lahga al-lubnānīya
Bekomme ich ein Zertifikat?	ḥahud šahāda?
Sind Sie verantwortlich (für) ...?	ḥaḍratak al-mas'ūl ^{c}an...?
Hier ist mein Zeugnis	adi...
... mein Zeugnis	... šahadti
... meine Einladung	... da'witi
... mein Studentenausweis	... karnē ad-dirāsa (*carnet*)
Wann beginnt die Vorlesung?	al-muḥāḍra ḥatibda' emta?
Wo ist der Hörsaal 12?	fēn al-qā^{c}a nimra itnāšar?
Entschuldigung, ist das Hörsaal 7?	lau samaḥt, dē al-qā^{c}a nimra sab^{c}a?
Ich suche das Sprachen-Institut.	ana bidauwwir ^{c}ala ma'had al-luġāt
Ist hier die Sektion Geschichte?	hina qism at-tārīẖ?
Wohnst du im Studentenheim?	inta sākin fil-madīna al-gami^{c}ayya?
Ich lerne seit zwei Jahren Dialekt.	ana bit^{c}allim lahgāt min sannatēn
Wo haben Sie Arabisch gelernt?	it^{c}allimt ^{c}arabi fēn?
Sie können aber gut Deutsch!	inte biti^{c}raf almāni ẖālis!
Ich bin von der Universität Berlin.	ana min gam^{c}it berlīn
Studierst Du hier?	bitidris hina?
Was studierst du?	bitidris ē?
Ich bin im 3. Studienjahr.	ana fī sanna talta

Syrisch	Marokkanisch
wēn durūs bil-luġa il-^{c}arabīye?	fēn kē´in id-durūs diyēl il-luġa l-^{c}arabīya?
addēš id-durūs?	ēšḥāl id-durūs?
emta yibda´ id-dars?	waqtēš yibda id-dars?
addēš bīṭauwel id-dars?	ēšḥāl yidir id-dars?
biddi idris il-fuṣḥa	bāġi nedres l-fuṣḥa
biddi idris il-lahğe	nfaḍḍel nedres id-dāriğa
fī dars bil-lahğe il-maṣrīye?	kē´in dars bi-dāriğa l-miṣrīya?
^{c}aṭīni ir-ruznāme!	ğīb li ir-ruznāma!
brīd issağğil...	bġīt netsağğel...
... fī dars il-mubtadiyīn	... f-dars il-mubtadiyīn / *débutants*
... fī dars il-lahğe il-libnānīye	... f-dars id-dāriğa l-lubnānīya
fī šahāda?	ġādi nāẖud šahāda / *certificat*?
inte mas´ūl (^{c}an...)?	inte mas´ūl (^{c}la)...?
tfaḍḍal(i)...	hahīya...
... šahādati	... šahāda diyēli
... da^{c}awati	... da^{c}wa / *invitation* diyēli
... huwīyat iṭ-ṭullāb	... *la carte d´étudiant*
emta biballiš id-dars?	waqtēš yibda´id-dars?
wēn ṣālat il-muḥāḍre ra'm tnāš?	fēn kē´in l-klās iṭnāš? (*classe*)
^{c}afwan, hāda ṣāla ra'm sab^{c}a?	^{c}afwan, wēš hādi il-klās sab^{c}a?
^{c}am bfatteš ^{c}an ma´had il-luġāt	nfatteš ma´ahad il-luġāt
hōn ‘ism it-tārīẖ?	hnā qism it-tārīẖ?
inta sākin fil-madīne il-ğama^{c}īye?	teskun fī R.U. (*sprich: er - ü*)? (*Résidence Universitaire*)
bidris il-^{c}arabīye munzu sannatēn	nedris l-^{c}arabīya men sanntēn
wēn ta^{c}allamt ^{c}arabi?	wēn qrīti l-^{c}arabīya?
btiḥki mnīḥ almāni!	tatkallam l-almānīya mlīḥ!
ana min ğāmi^{c}at berlīn	kaneqra fī ğāmi^{c}at berlīn
btidris hōn?	kateqra / tedres hnā?
šū btidris?	šnū katedres?, ēš (ka)taqra´?
ana fi-s-sinne tālit	kaneqra fl-^{c}ām it-tālet

Basisvokabular - Allgemeine Hinweise

Das Basisvokabular umfaßt ca. 1200 Wörter bzw. Phrasen und beinhaltet den Grundwortschatz für die Alltagssprache. Aus den Bereichen Kultur, Politik, Wirtschaft wurden lediglich besonders relevante Termini übernommen; für diese Themen empfehlen wir Spezialwörterbücher. Im Basisvokabular wurden jene Begriffe nicht noch einmal aufgeführt, die sich aus den jeweiligen Themenkapiteln der Redewendungen erschließen lassen.

Prinzipiell ist ferner zu betonen, daß gerade bei der Erstellung eines arabischen Basisvokabulars der Aspekt der Diglossie von Hochsprache und Dialekt beachtet werden muß. So existieren z.B. für politische oder kulturelle Termini in der Regel keine spezifischen Dialektwörter; diese werden meist nur phonetisch dialektisiert. Das heißt: Um in arabischen Ländern über den Alltagswortschatz hinaus erfolgreich kommunizieren zu können, etwa an Universitäten, Banken, Institutionen, bei abstrakteren Themen sowie im Gespräch mit „höhergestellten“ Personen sind neben dem Dialektarabischen nachhaltige Kenntnisse des Hocharabischen (Standardarabisch/ Zeitungsarabisch) erforderlich (sofern man nicht auf Englisch oder Französisch zurückgreifen kann).

Das Basisvokabular wird ergänzt durch „100 Worte Berberisch“, um der Sprachrealität in Marokko von zumindest 40% Berberophonen Rechnung zu tragen. Ausgewählt wurde der berberische Dialekt *Ta'rifit* (Rifi) aus Nordmarokko (Raum Nador/Tétouan). Damit soll dem Benutzer ein absoluter Minimumwortschatz des Berberischen vermittelt werden. In der Praxis beherrschen jedoch fast alle Berber Marokkos das Dialektarabische (umgekehrt sprechen nur sehr wenige Arabophone auch Berberisch).

Deutsch	**Ägyptisch**	**Syrisch**	**Marokkanisch**
Abend	misa	^{c}ašiyya	(l-)^{c}šiyya
Abendessen	^{c}ašā	^{c}ašā	^{c}šā
aber	bess/bass	bass, lākin	(wa-)lēken
Abfahrt	qiyām	qiyām	qiyām
Abflug	qiyām	ḏahāb	ḏahāb
Abreise	safar	safar	ṣafar
Absender	rāsil	mursil	mursel
Abteilung	’ism	qism	qism
Adresse	^{c}inwān	^{c}inwān	^{c}unwān, ladrīsa
Alkohol	al-kuḥul	al-kuḥūl	l-ālkōl
alle	kull	kill	kull
allein	(ana) wāḥde	ana la ḥāli	(ana) waḥde
alles	kull	kill-šī, killo	kull-šī
alt (Person)	kbīr	kbīr, ḫityā	kbīr
alt (Sache)	’adīm	‘adī	qdīm
Altstadt	il-madīna il-adīma	medīne ‘adīme	mdīna qdīma
Amt	maktab	mekteb	mekteb
anderer, andere	āḫar, uḫra	āḫar, uḫra	āḫor, uḫra
Angestellter	muwaẓẓaf	muaẓẓaf	muwaḍḍaf
Ankunft	wuṣūl	wuṣūl	wuṣūl
Anmeldung	tasgīl	tesğīl	tesğīl
Anschluß	muwaṣla	muwaṣla	muwaṣla
Ansichtskarte	kart bustāl	biṭā.a msauwara	kart postāl
Anwalt	muhāmī	muhāmī	muhāmī
Anzug	badla	ṭa’am, badlē	kūstīm
Apfel	tuffāḥ	tiffāḥ	tuffāḥ
Apotheke	agzaḫāna	ṣaidalīye	farmasīya(n)
Appartment	ša’a	*appartment*	ppartma
Appetit, guten	ṣaḥḥtēn!	ṣaḥḥtēn!	ṣaḥḥtēn!
Arabisch	^{c}arabīya	^{c}arabīya	^{c}arbīya
arabisch	^{c}arabī	^{c}arabī	^{c}arbī
Araber	^{c}arabī	^{c}arabī	^{c}arabī

Deutsch	Ägyptisch	Syrisch	Marokkanisch
Arbeit	šuġl	ẖedma	ẖedma
Arbeitslosigkeit	biṭāla	biṭāla	*chômage*
Arm	dirā^c	drā^c	drā^c
arm	fa'īr	fa'īr	faqīr
arm (*übertr*)	miskīn	meskīn	meskīn
Armee	geyš	ğēyš	ğēyš, ^caṣker
Arzt	duktūr, ṭabīb	ḥakīm, diktōr	ṭbīb
Aschenbecher	ṭafāya	naffāda	ṣandriyya
auch	kamān	kamān	hetta, zêda
auf	fī, bi	fī, bi	fī, bi, fōg
Aufenthalt	wu'uf	iqāma	iqāma
aufstehen	qāma	qāma	wqaf
Auge	^cain	^cain, ^cēn	^cain
Augenarzt	ṭabīb il-^cuyūn	ṭabīb il-^cuyūn	ṭbīb l-^cuyūn
Augenblick!	lahẓa	lahẓa	daqīqa
aus	min	min	min, men
Ausbildung	takwīn	tadrīs	takwīn
Ausflug	safr, riḥla	riḥla	riḥla
ausfüllen	amla	amla'	mla', ^cammer
Ausgang	maẖrağ	maẖrağ	ẖarğa
ausgezeichnet	mumtāz	mnīḥ(a)	*super*, *bien*
Auskunft	isti^clamāt	isti^clamāt	isti^clamāt
Ausland	ẖāriğ	ẖāriğ	l-ẖāriğ
Ausländer	agnabī	berrānī, ağnabī	barrāni, tranği
Ausreise	ẖurūğ	maẖrūğ	l-ẖurūğ
Außen-ministerium	wizārat il-ẖārigīya	wizārat il-ẖāriğīye	wizārat l-ẖāriğīya
außer	ġēr	ġēr	ġēr
außerdem	kamān	ū kamān	w ḥetta
außerhalb	ẖārig	ẖāriğ, barra	ẖāriğ
aussteigen	nizil	nzel	nzel
Ausstellung	ma^craḍ	ma^craḍ	ma^criḍ
ausverkauft	komblē	komplē	komplē
Ausweis	biṭāqa	biṭā'a, huwīya	lakārt, kwaġāt
Auto	^carabeya	tomobīl	sayyāra, tomobīl

Deutsch	Ägyptisch	Syrisch	Marokkanisch
Autowerkstatt	warša	garāğ, mekanīk	garāğ
Bäckerei	maḫbaz	maḫbaz	ferrān
Bad	ḥammām	ḥammām	ḥammām
Bahnhof	maḥaṭṭa	mḥaṭṭa	*la gare*
Bahnsteig	reṣīf	raṣīf	raṣīf
bald	ḥalan	arīb(an)	ba^c^d šwīyye
Banane	mauz	mōz	banān
Bank	bank, maṣrif	bank, maṣrif	banka
Bar	bar	ḫāne	bār
bar	kāš	kāš	naqdan
Bargeld	flūs	flūs	draham, flūs
Bauchtanz	ra' s šar' i	raqṣ šar(q)ī	raqṣ šarqi
Bauer	fellāḥ	fellāḥ	fellāḥ
Baum	šagra	šağ(a)ra	šağra
Baumwolle	quṭn	uṭn	qṭun
Beduine	badawi	badawi	bedawi, ^c^rūbī
Beeilung!	yallah!	^c^ağğel!, ağğli!	bzerba!, yallah!
begeistert	mutḥammes	mutaḥammes	metḥammes
beginnen	yabda'	biballeš	bda'
begleiten	rāfaga	rāfaqa	rāfeq
begrüßen	ḥaiyya	raḥḥaba	raḥḥaba
behalten	ḫalla	ḫalla	ḫalla
bei	^c^and	^c^anda	^c^end
beide	al-itnēn	kilā	b-ğūğ
Bein	regl	iğr, riğl	rğel
zum Beispiel	matalan	matalan	matalan
bekannt	ma^c^rūf	ma^c^rūf	mašhūr
Berber	barbar	barbar	barbar, *berbère*
Bereich	magāl	mağāl	mağāl, *domaine*
Berg	gabel	ğabal	ğbel
Beruf	mihna, wazīfa	šuġl	ḫidma, šuġl
berühmt	mašhūr	mašhūr	mašhūr
besichtigen	šāf, zār	šāhada	šāhada
Besitzer	mālik	mālek, ṣāḥeb	mālek
besonders	ḫāṣ	ḫāṣ(atan)	ḫāṣ

Deutsch	Ägyptisch	Syrisch	Marokkanisch
besorgen	gāb / gēb	ğalaba	ğalaba
besser	aḥsan	aḥsan	afḍal, ḥsan
bestätigen	akkada	akkada	akkada
bestellen	ṭalaba	ḥağaza	ḥağaza, ṭalaba
beste(r)	aḥsan	aḥsan	aḥsan
Besuch	ziyāra	ziyāra	ziyāra
besuchen	zāra	zāra	zāra
betonen	akkada	akkada	akkada
Bett	sirīr	firāš, sarīr	frāš,nāmusīya
bevor	‘abl	abl	qabl(a)
bezahlen	dafa^c	dafa^c	ẖallaṣa, dafa^c
Bibliothek	mektaba	maktaba	maktaba
Bier	bīra	bīra	bīrra
Bild	ṣūra	ṣūra	teṣwīra, ṣūra
Bildung	ta^{c}līm	ta^{c}līm	ta^{c}līm
billig	raẖīṣ	raẖīṣ	rẖīṣ
billiger	... arẖaṣ	... arẖaṣ	... rẖaṣ
billigste(r)	arẖaṣ...	arẖaṣ ...	arẖaṣ ...
bis (örtlich)	illa, ^{c}al	^{c}āl, la	l-, ḥatta
bis (zeitlich)	ḥatta	ḥatta	ḥatta
bitte!	tfaḍḍal(i)!	tfaḍḍal(i)!	tfaḍḍal(i)!
blau (*f*)	azra’ (zar’a)	zar’ (azra’)	zraqq (zarqā)
bleiben	yab’a	baqa	bqa
Bleistift	alam ruṣāṣ	alam raṣāṣ	qalam raṣāṣ
blond (*f*)	aš’ar (ša’ra)	ašra’ (ša’rā)	šqar (šarqa)
Blume	zahra	zahra	nuwwāra
Bluse	blūz	blūz	blūza
Blut	damm	damm	d-damm
Blutgruppe	nau^c id-damm	nō^{c}a id-damm	nau^c d-damm
Bohrturm	burg bitrōl	birğ baṭrōl	*derrick*
Boot	safīna	safīna	babōr, *bâteau*
Börse	burṣa	burṣa	borṣa
Botschaft	safāra	safāre	ṣifāra
Botschafter	safīr	safīr	safīr
brauche, ich	lazimni	lāzimni	ẖeṣṣni

Deutsch	**Ägyptisch**	**Syrisch**	**Marokkanisch**
braun	bunni	binni, bunni	qahwi(qahwīya)
Bremse	framil	frān	frēn
Brief	maktūb	maktūb	brīya, bra
Briefkasten	ṣandū' l-barīd	ṣandū' il-barīd	ṣandūq l-barīd
Briefmarke(n)	ṭābi^{c}	ṭābi^{c} (ṭawābi^{c})	tanbar (tnêbir)
Brieftasche	maḥfaza	ğizdān	borṣo
Briefumschlag	zarf	zarf	zarf, eğwa
Brille	nazzāra	nazzāra	nazzāra
bringen	yaḥḍar	ḥamala	ğāba
Brot	^{c}ēš	ẖubez	ẖubz
Brücke	kūbri, gisr	ğisr	qantra
Bruder	aẖ	aẖ	ẖō
Brust	ṣadr	ṣidr	ṣdar
Buch	ktēb	ktēb	ktāb
Buchhandlung	maktaba	mektaba	maktaba
Büchse	^{c}ilba	^{c}ulab	^{c}ulab
Büchsenöffner	fattāḥā	fattāḥet ^{c}ilab	ḥallāla
Buchung	ḥagz	ḥağz	ḥağz
Burg	'al^{c}	(q)aṣr	*Kasbah*, qṣar
Büro	maktab	mekteb	bīru, mekteb
Bus	utubīs, bāṣ	bāṣ	tōbīs, kār
Butter	zibda	zibde	zebda
Café	maqha	maqha	maqha, *café*
Check-In	tasgīl	tesğīl	tasğīl
Chef	ra'īs	ra'īs, chef	*patron, chef*
Chemie	kimīya	kīmiya	kīmiya, *chemie*
Computer	kumbūter	kumbyūtir	*ordinateur*
damit	li...	li...	bēš...
danach	ba^{c}dēn	ba^{c}dēn	men ba^{c}d
danke!	šukran	šukran, merci	*merci*, šukran
das heißt	ya^{c}ni	ya^{c}ni	ya^{c}ni
dasselbe	nefs-iš-šī	nafs-iš-šī	bḥāl-bḥāl
Datteln	tamar	balah, tamar	tmarr
Datum	tārīẖ	tārīẖ	tārīẖ
dauern	yaẖud	biṭauwel	dār

Deutsch	Ägyptisch	Syrisch	Marokkanisch
defekt	bayz	muᶜaṭṭal	ẖāser
Delegation	wafd	wafd	wafd
Denkmal	timsāl	timsāl	timtāl
deshalb	ᶜašan	lidālik	hād šī ᶜlēš
deutlich	wāḍiḥ	wāḍiḥ	wāḍeḥ
deutsch	almāni	almāni	almāni
Deutscher	almāni	almāni	almāni
Deutsche (*f*)	almānīya	almānīya	almānīya
Deutschland	almānya	almānya	almānya
direkt	mubāšir	mubāšir	nīšān, *direct*
Direktor	mudīr	mudīr	mudīr
Diskussion	munāgaša	munāqaša	munāqaša
Dolmetscher	mutargim	mutarǧim	mutarǧim
Dorf	qariya	(q)arīye	filāǧ, *village*
dort	hināk	hōnīk	tamma, lhīh
dorthin	li-hināk	la hōnīk	li-hnā
Dose	ᶜilba	ᶜilbet	ᶜulba, ḥukk
dringend	musta´agil	mistaᶜǧil	mustaᶜǧil
dunkel	ġāmi’	muzlim	meġlūq
durstig	ᶜaṭšān	ᶜaṭšān	ᶜatšān
Ehefrau	zōga	zōǧa	mart, zōǧa
ehemalig	sābig	sābi(q)	sābiq
Ehemann	zōg	zōǧ	zōǧ
Ei	bayḍ	bīḍ	bayḍ
einfach	basīṭ	basīṭ	sēhel
Eingang	madẖal	madẖal	daẖla
einige	ᶜidda	baᶜḍ	baᶜḍ
einkaufen	štara	ištara	šra
einladen	daᶜa	daᶜa	stadᶜa, ᶜraḍ
Einladung	daᶜwa	daᶜwa	daᶜwa, ᶜrāḍa
einmal	marra	marra	marra
Einreise	duẖūl	duẖūl	duẖūl
einsteigen	iṭlaᶜ	iṭlaᶜ	rkeb
Eintrittskarte	tazkara	tazkara, *ticket*	bīyyi
einverstanden!	muwāfi’!	muwāfi’!	waẖẖa!, ṣafi!

Deutsch	Ägyptisch	Syrisch	Marokkanisch
Eis (Speiseeis)	būza	būza	(l)glās
Eis (Würfel)	talg	talğ	telğ
Elektriker	kahrabay	kahrabçi	trisyān
Eltern	waldēn	wuldên	l-wālidīn
Empfang	isti'bāl	istiqbāl	istiqbāl
Empfänger	mursil	mursil	mursil
empfehlen	naṣaḥa	naṣaḥa	naṣaḥa
Englisch	inglīzi	inğlīzī	inglīzi
Entfernung	masāfa	masāfe	l-masāfa
Entschuldigung!	ᶜafwan	ᶜafwan	ᶜafwan
Entwicklung	taṭwīr	taṭwīr, tanmīye	taṭauwwor
Erde (Welt)	dunya	dinya, ᶜālam	dunya
Erdöl	bitrōl	nefṭ	pitrōl, nafṭ
Erfolg	nagāḥ	nağāḥ	neğeḥ
Ergebnis	natīga	natīğe	natīğa
erhalten	istalama	istalama	twaṣṣala
Erholung	stirāḥa	(isti)rāḥa	istirāḥa
erinnern, sich	taddakara	taḏakkara	tazakkara
Erkältung	grīp	bird	brūda, grīp
erklären	auḍaḥa	auḍaḥa	fesser
Erlaubnis	ruḫṣa	ruḫṣa	pirmi
Ermäßigung	taḫfīḍ	taḫfīḍ	taḫfīḍ
Eröffnung	iftitāḥ	iftitāḥ	ftitāḥ
erzählen	ḥakka	ḥakka	ḥkā
essen	akala	akala	kāla
Essen	akl	akl	mākla
Etage	ṭābig	ṭābiq	ṭebqa
etwa	ḥawālay	ḥawālī	taqrīban
etwas	šweyya	šweyye, šī	šwīyye, šī
Euro (Geld)	*yūro* (engl)	*yūro* (engl)	*öro* (frz)
Export	taṣdīr	taṣdīr, *export*	taṣdīr
Experte	ḫabīr	ḫabīr	ḫabīr
Fabrik	maṣnaᶜ, šarika	širke	*entreprise*
Fach (Uni)	madda	madda	*discipline*
Fähre	maᶜadīya	*ferry*, safīna	babōr, *bâteau*

Deutsch	Ägyptisch	Syrisch	Marokkanisch
fahren	sāfir	sāqa	ṣāga
Fahrer	sā′eg	sā′i(q)	*chauffeur*
Fahrkarte	tazkara	tazkara	bīyi, tīki
Fahrrad	^{c}agala	bisklēt	bišklēta
Fahrstuhl	asansīr	lift, sansūr	*l'ascenseur*
Fakultät	kullīya	kullīye	*fac(ulté)*
Fall, auf jeden	^{c}ala kull ḥāl	^{c}ala kill ḥāl	^{c}la kull ḥāl
Fall, auf keinen	abadan!	(lā) abadan!	(lā) abadan!
falsch	ġalaṭ	ġalaṭ	ġalāṭ
Familie	ahl, ^{c}ila	ahl, ^{c}ā'ila	^{c}ā'ila, famīliya
Farbe	lūn	lōn	laun
farbig	mulauwan	mlauwan	mluwan
Fasten	ṣaum	ṣaum	ṣiyām
fehlen(d)	nā'is, ġā'ib	nā'iṣ	nāqiṣ
Fehler	ġalaṭ	ġalaṭ, ẖaṭ'a	ġalṭa
Feier, Feiertag	^{c}ayd, ḥafla	^{c}īd, ḥafla	^{c}īd, ḥafla
Fenster	šubbāk	šibbāk	šarğem
Ferien	^{c}uṭla	^{c}oṭle	^{c}uṭla
Fernsehen	tilivizion	tiliwīzyōn	telfazu
fertig?	ẖalaṣ?	ẖalaṣ?	ṣāfi?
Feuer!	nār!!	nār!!	nār!, ^{c}āfya
Feuerlöscher	taffāya	maṭāfi'	bumbiya
Fieber	ḥuma	ḥarāra	ḥemma
Film	film	film	film
Finger	ṣuba^{c}	iṣba^{c}	ṣba^{c}
Fisch	samak	samak	ḥūt, samak
Flasche	izāza	annīnē	qar^{c}a
Flaschenöffner	fattāḥa	miftāḥ annīnē	miftāḥ qar^{c}a
Fleisch	laḥm	laḥ(a)m	lḥem
fliegen	ṭāra	ṭāra	ṭāra
Flüchtlinge	lāgi'īn	lāği'īn	lāği'īn
Flüchtlingslager	mu^{c}askar il-	mu^{c}askar il-~	mu^{c}askar diyēl-
Flug	riḥla, ṭayrān	ṭayrān	ṭayrān
Flughafen	maṭār	maṭār	maṭār, *aéroport*

Deutsch	Ägyptisch	Syrisch	Marokkanisch
Fluggesellschaft	šarikit ṭayarān	šeriket ṭayrān	šarikat ṭayrān
Flugzeug	ṭaiyāra	ṭayyāra	ṭayyāra
Flugschein	tazkerit ṭ-ṭaiyāra	tazkara	bīyyi
Fluß	nahār	nah(a)r	wād
Formular	istimāra	istimāra	istimāra, formūl
Forschung	baḥṯ	baḥṯ	baḥṯ, *recherche*
Fotoapparat	kamira	ālat taṣwīr	*caméra*, ṣuwāra
Frage	su'āl	sū'ēl	sū'āl
Französisch	fransāwi	fransāwī(ya)	fransāwī(ya)
Frau	sitt	sitt	*Madame*, lella
Fräulein	ānisa	ānise	*Mademoiselle*
frei (Platz)	fāḍi	fāḍi	ḫāwi
Freiheit	ḥurrīya	ḥurrīya	l-ḥurrīyya
Fremdenführer	dalī	dalīl, *guide*	gīd (*guide*)
Fremdsprache	luġa agnabīyya	liġa aǧnabīye	luġa aǧnabīya
Freund	ṣadīg	ṣadī(q)	ṣadīq, ṣāḥeb
Freundin	ṣadīga	ṣadī(q)a	ṣadīqa, *copine*
freundlich	laṭīf	laṭīf	ḍrayyef
Frieden	salām	salām	salām
Friedhof	madfen	ma'bara	maqbara
frisch (Essen)	ṭāza	ṭāzia	ṭrī
Friseur	ḥallā', kwafīr	ḥallā(q)	ḥallāq
früh	badri	bakkīr	bekri
früher	zamān	min zamān	men qbēl
Frühstück	fṭūr	f(u)ṭūr	fṭūr, ptī dīžni
Führerschein	ruḫṣa	ruḫṣet qiyāde	(il-)pirmi
Fuß	regl	iǧr, riǧl	rǧel
Gabel	šuka	šōke	furšetta
Garage	garāǧ	garāǧ	garāǧ
Garantie	ḍamān	ḍamāna	ḍamāna, garanti
Gas	gāz	ġāz, gas (engl.)	ġāz, gas (frz.)
Gasse	ḥāra	ḍerb	zanqa
Gast	ḍayf	ḍaif	ḍayf
Gastfreundschaft	ḍiyāfa	ḍiyāfa	ḍyāfa, karam
Gastgeber(in)	muḍīf(a)	muḍīf(a)	muḍīf(a)

Deutsch	Ägyptisch	Syrisch	Marokkanisch
Gebäck	kaḥk	ka'ak (cake)	gāto (*gâteau*)
Gebäude	mabna	b(i)nāyye	bināya, dār
Gebet	sala	ṣalāt	ṣāla(t)
Gebiet	manti'a	minta'a	mintaqa
Gebirge	gabal	ğ(i)bāl	ğbel
geboren (am)	wulida	wulida (fī)	wulida (fī)
gebraten	mešwi	mišwi	mešwi, maqli
Gebühr	rasm	rasm	rasm, ḍarība
Geburtsdatum	tārīẖ wilāda	tārīẖ wilāda	tārīẖ l-wilāda
Geburtstag	tārīẖ il-mīlād	yōm il-milād	ᶜīd l-milād
Gefahr	ẖaṭr	ẖaṭr	ẖaṭār
gefährlich	ẖaṭīr	ẖaṭīr	ẖaṭīr
Gefängnis	sign	siğn, ḥabs	ḥabs
gegenüber	mu'ābil	moāğe	mqābel
Gehalt	muratab / mahīye	ağ(e)r	ağr, ẖulṣa
Geheimdienst	muẖābarat	muẖābara	muẖābara
gehen	maša	maša	mšā
gelb (*f*)	asfar	aṣfar (ṣafra)	ṣfarr (safra)
Geld	flūs	flūs, masāri	draham, flūs
Geldschein	flūs	war'et flūs	warqat l-flūs
Gelegenheit	imkānīya	imkānīye	imkānīya
gemeinsam	muštarak	mištarak	muštarak
Gemüse	ẖuḍar	ẖuḍrawāt, ẖiḍar	l-ẖuḍra
gemütlich	murīḥ	murīḥ, laṭīf	mnīḥ, mertāḥ
genau!	bizzabit!	biz-zab(e)ṭ!	tamām!
genug!	kifāya	ẖalaṣ!, kāfi!	barka!, ẖlāṣ!
geöffnet	maftūḥ	maftūḥ	maḥlūl
Gepäck	ᶜafš	bagāğ, šenāti	bagāğ
geradeaus	ᶜal ṭūl	duġri, ᶜala ṭūl	nīšān
gern	ᶜala aini w ra'si	tikram!	ᶜala ᶜaini
Geschäft	dukkān	dukkān	maġāza, mgāza
Geschenk	hadīya	hadīye	hdīya, *cadeau*
Geschichte	tārīẖ	tārīẖ	t-tārīẖ
Geschlecht	gins	ğins	ğins

Deutsch	**Ägyptisch**	**Syrisch**	**Marokkanisch**
geschlossen	muġlag	muġlaq	mesdūd
Geschwindigkeit	sur^c^a	sur^c^a	sur^c^a, wītēs
Geschwister	iḫwa	iḫwa	iḫwa, ḫūt
Gesellschaft	mugtama^c^	muğtama^c^	muğtama^c^
Gesetz	qanūn	(q)ānūn	qānūn, loi
Gesicht	wiš	wišš, wiğğ	l-wğah
Gespräch	mukālama	mukālama	mukālama
gestern	mbēreḥ	mbēreḥ	lbēreḥ
gesund	salīm	ṣaḥīḥ, salīm	sālem, ṣḥīḥ
Gesundheit	ṣaḥḥa	ṣiḥḥa	ṣ-ṣaḥḥa
Getränke	mašrūbāt	mašrūbāt	mašrūbāt
Gewalt	^c^unf	^c^unf	^c^unf
Gewicht	wazn	wazn	wazn
Gewürze	tawābil	tawābil	tawābil, ^c^aṭrīya
Glas	kubbaiyya	kās(e)	kās
global	^c^aulāmi	duwali	duwali
Globalisierung	^c^aulama	^c^aulama	^c^aulama
glücklich	sa^c^īd	sa^c^īd	sa^c^īd, ferḥān
Gold	dahab	dahab	dheb
Gott	Allāh	Allāh	Allāh
Im Namen Gottes	bismillā	bismillāh	bismillāh
So Gott will!	inšallah	inšallah	inšallah
Grad (Klima)	daraga	darağe	ḍārağa
Gramm	grām	ġrām	*gramme*
gratis	magāni	mağāni	bāṭal, mağāni
Gratuliere!	mabrūk!	mabrūk!	mabrūk!
grau	rumāḍi	rumāḍi	rmādi
Grenze	ḥidūd	ḥudūd	l-ḥudūd
Grippe	nazlit bard	grīb	brūda, rwāḥ
groß	kbīr	kbīr	kbīr
Größe (Kleidung)	mi'ās	m'yās	nemra
größer	...akbar	... akbar	... akbar
größte(r)	akbar...	akbar ...	akbar ...
Gott ist am größten!	Allāhu akbar!	Allāhu akbar!	Allāhu akbar!

Deutsch	**Ägyptisch**	**Syrisch**	**Marokkanisch**
Großmutter	gadda	ğadda	ğadda
Großvater	gadd	ğadd	ğadd
grün (*f*)	aḫḍar	aḫḍar (ḫaḍra')	ḫḍarr (ḫaḍra)
Grundlage	asās	asās, qā'ida	asās, *la base*
Gruppe	gāmia	ğamā^c^a, firqa	farqa, *groupe*
grüßen	sallama	sallama	sallama
gültig	ṣāliḥ	ṣāliḥ	ṣāleḥ
günstig	munāsib	mulā'im	munāsib
gut	kwayyes	mnīḥ(a)	mlīḥ(a)
Gymnasium	līsi	līsi, tānawīya	līsi, kūlīğ
Haben Sie...? (*f*)	^c^andak (ik)	^c^andak? (-ik)	^c^andak? (-ik)
Hafen	mīnā	mīnā, marfa	marṣa
halb / Hälfte	nuṣṣ	nuṣṣ	nuṣṣ
Haltestelle	mau'if	mau'if	lāri
Hand	yadd	īd, yadd	yēdd
Handel	tigāra	tiğāra, biznes	tiğāra, bezness
Handschuhe	gawinti	kfūf	ṣebba^c^īye, līgā
Handtuch	fuṭa	manšafe	fūṭa
Hauptstadt	^c^āṣima	^c^āṣima	^c^āṣima
Hauptstraße	šāri^c^ ra'īsi	šāri^c^ ra'īsi	trēg ra'īsi
Haus	bēt	bēt, dār	bēt
Hausnummer	nimrit al-bēt	ra.m il-bēt	nimrat id-dār
Heft	daftar	daftar	kārni, deftar
heilig	muqaddis	mu'addes	muqaddas
Heimat	waṭan	waṭan	waṭan, blēd
heiraten	zauwaga	zauwağa	zauwağa
heiß	suḫn	šōb, ḥār	sḫōn
Hemd	'amīs	amīs	qamīğa
herein!	tfaḍḍal!	tfaḍḍal!	tfaḍḍal!
Herkunft	aṣl	aṣl	aṣl
Herr	sayyed	sayyed	sī, *Monsieur*
hervorragend	mumtāz	^c^azīm	mlīḥ
Herz	galb	elb	qalb
herzlich	galbi	(q)albi	qalbi
Herzlichen Dank!	šukran gazīlan!	*Merci* ktīr!	Baraka lau fīk!

Deutsch	**Ägyptisch**	**Syrisch**	**Marokkanisch**
heute	il-yōm	il-yōm	l-yōm
hier	hina	hōn	hnā
Hilfe!	nagda!!	nağda!!	nağda!!, es°ēf!!
hinsichtlich	bin-nisba	bin-nisba	bin-nisba
hinten, hinter	wara	wara, ḫalf	mūra, min lūr
hinzufügen	aḍāfa	aḍāfa	aḍāfa, zāda
historisch	tārīḫi	tārīḫi	tārīḫi
Hitze	ḥarr	ḥarāra	ṣahd, sḫūne
hoch	°āli	°āli	°āli
Hochschule	kullīya	kullīya	kullīya
Hochzeit	zawāg	zawāğ	°urs, °ers
hoffen	amala	amala	tmenna
hoffentlich	inšallah	inšallah	inšallah
höflich	laṭīf	l(a)ṭīf	m´addeb
holen	gāb / gēb	ağlaba	ğāb
Holz	ḫašab	ḫašab	ḫṭabb, ḫšab
Honig	°aṣl	°aṣl	°ṣel
hören	sami°	sami°a	smā°
Höre...!/Hör zu!	isma°!	isma°!	sma°!, „šūf"!
Hose	banṭalōn	banṭalōn	serwēl
Hotel	fundu', lōkanda	ōtēl, fundu'	ōtēl
hübsch (*f*)	gamīl(a)	helu (ḥelwa)	zwīn(a)
Hügel	tall	tell	tell
Huhn (geröstet)	dagāg	(da)ğāğ	dğāğ
Hund	kalb	kelb	kalb
hungrig, ich bin	ana gu°ān	ana ğu°ān	ana ği°ān
Husten	kuḥa	sa°le, aḥḥa	kuḥḥa
Hut	burnayta	burnēṭa	qub°a, ṭarbūš
Idee	fikra	fikra	fikra
Identität	hawīya	huwīya	šaḫṣīya, huwīya
immer	dayman	dayman	dīma
Immobilien	°iqār	°akkār	°akkār
Impfung	taṭ°īm	talqīḥ	telqīḥ
Import	istirād	istirād	istirād, *l´import*
in	fī, bi	fī, bi	f(ī)

Deutsch	**Ägyptisch**	**Syrisch**	**Marokkanisch**
Industrie	ṣinā^{c}	ṣinā^{c}a	ṣinā^{c}a
Informationen	ma^{c}lumāt	ma^{c}lūmāt	ma^{c}lūmāt, *informations*
Informations-ministerium	wizārit al-i^{c}lām	wizārat il-isti^{c}alamāt	wizārat l-i^{c}lām
Informations-zentrum	markaz al-ma^{c}lumāt	merkez il-istiršādāt	bīru diyēl-istiršādāt
Ingenieur	muhandis	muhendis	muhandīs, *ingénieur*
Inhalt	muḥtauwa	muḥtauwa	muḥtauwa
innerhalb	ẖilāl, ḍimn	ḍimna	ḍimna, dāẖel
Insel	gezīra	ğezīra	ğ(a)zīra
Institut	ma^{c}had	ma^{c}had	ma^{c}had
intelligent	dikki	zakki	dki
interessant	muhimm	muhimm	muhimm
Interesse	ihtimām	ihtimām	maṣlaḥa
interessieren, sich	ihtamma	ihtamma	ihtamma
international	duwali	duwali	^{c}ālami
Internet	*Internet*	*Internet*	*Internet, le net*
Islam	islām	islām	islām
islamisch	islāmi	islāmi	islāmi
ja	aiwa	ē	ē
Jacke	ğaket	ğākēt	fista, ğakēta
Jahr	sanna	sinne	sānna, ^{c}ām
jede(r)	kull	kill	kull (wāḥed)
jedesmal	kull marra	kill marra	kull marra
Jesus	Aissa	Aissa	^{c}Īsa
jetzt	dilwa'ti	ḥalla'	dēba, dūrka
Joghurt	zabādi	laban	dānōn (*Danone*)
Journalist	ṣuḥufī	ṣuḥufi	ṣaḥafi
Jude	yahūdi	yahūdi	yahūdi
jüdisch	yahūdi	yahūdi	yahūdi
Jugend	šabība	šabība	šabība
Jugendliche	šabāb	šabāb	š-šabāb
jung	zġīr	zġīr	ṣġīr

Deutsch	Ägyptisch	Syrisch	Marokkanisch
Junge	walad	walad	wlēd
Juwelier	gawahri	ğawāhri	ğawāhri, dheybi
Kabine	kabīna	kabīna	kabīna
Kaffee	gahwa	(q)aḥwe	qaḥwa
Kaffeesahne	laban	ḥlīb	ḥlīb
kalt	bard	bard	bêrid
Kamel	gamal	ğamal	ğmel
kaputt	bayz(a)	ᶜāṭel	ẖāser
Karte (Land-)	ẖāriṭa	ẖarīṭa	kārta
Kartoffel(n)	baṭāṭa	baṭāṭa	bṭāṭa
Käse	gubna	ğibnē	*fromage*
Kasse	ṣandūg	ṣandū'	kīs (*caisse*)
Kassette	kasēt	kasīt	kaṣēta, K7
kaufen	aštara	aštara	šrā
kennen	ᶜarafa	ᶜarafa	ᶜarafa
Kilogramm	kilu	kīlu	kīlo
Kilometer	kilomitr	kīlu	kīlo(miṭr)
Kind	walad	ṭifl	derri, weld
Kinder	aṭfāl	aṭfāl	drēri
Kindergarten	rōḍat l-aṭfāl	rōḍat l-aṭfāl	rauḍ l-aṭfāl
Kino	sīma	sīnema	sīnema
Kirche	kinīsa	knīse	kanīsa
klar!	akīd!	akīd!	ṣāfi!
Klasse (Schule)	ṣaff	ṣaff	klās
Klasse (Flugzeug)	daraga	darağe	darağa
Kleid	fustān	fistān	keswa
Kleidung	ilbās	malābis	melbūs
klein	zġīr	zġīr	ṣġīr
kleiner	azġar	azġar	ṣġar
Kleingeld	ṣarf	frāṭa	ṣarf
Klempner	samkari	samkari	blūmbi (*plombier*)
Klima	gau	manāẖ	ğau, manāẖ
Kloster	dēr	dēr	monastīr
Klub	nādi	nādi	nādi, *club* (klöb)
klug	dikki	zaki, šāṭir	dki

Deutsch	**Ägyptisch**	**Syrisch**	**Marokkanisch**
Knie	rukba	rikbe	rukba
Knoblauch	tūm	tūm	tūm(a)
Kochtopf	tangara	ṭanğara	kasrōle, gamila
Koffer	šanṭa	ḥaqība	balīza
Kohl	kurnub	kurnub	kurnub
Kohle	faḥm	faḥm	faḥm, fāẖer
Kollege	zamīl	zamīl	ṣāḥeb, *ami*
Komm (her)!	ta^{c}āl!	ta^{c}āla (hōn)!	ağī!
kompliziert	mi^{c}ad	mu^{c}aqad	ṣ^{c}īb
Konfession	diyāna	dīn, ṭā'ifa	ṭā'ifa
Konferenz	mu'atamar	mu'atamar	mu'atamar, *conférence*
Konflikt	azma	azma	azma
König(in)	mālik(a)	melek(a)	malik(a)
Königreich	mamlaka	mamlaka	mamlaka
können	adara	qadara	qāder
Konsul	unṣul	(q)unṣul	qunṣul
Konsulat	unṣulīya	(q)unṣulīye	qunṣulīya
Kontrolle	taftīš	taftīš	taftīš
Konzert	ḥafla musī'a	ḥafla musi'īya	ḥafla musiqīya, *concert*
Kopf	rās	rās	rās
Kopfschmerzen	ṣudā^c	ṣudā^c	ṣdā^c, ḥrīq ir-rās
Kopfschmerz-tablette	*Aspirin*	*Aspirin*	kīna, *Aspirin*
Kopftuch	ḥigāb	ḥiğāb, fulār	fulār, zīf
Koran	(il-)Qur'ān	(il-)Qur'ān	(il-)Qur'ān
Korb	'afaṣ	iffe, affūra	ṣandūq
Korkenzieher	fattāḥa	miftāḥ fallīn	tīr-būšūn
Korruption	rašwa	rašwa	rešwa
kostbar	samīn	tamīn	ġāli
was kostet das?	bikam dā?	addēš ḥa'o?	bēšḥāl?
kostenlos	magāni	mağāni	bāṭel, fābōr
krank (*f*)	marīḍ(a)	marīḍ(a)	mrēḍ(a)

Deutsch	Ägyptisch	Syrisch	Marokkanisch
Krankenhaus	mustašfa	mustašfa	šbīṭār, ṣbiṭār
Krankenschwester	muḍīfa	muḍīfa, ners	fermlīya
Krankenwagen	^{c}arabiyit al-is^{c}āf	sayyārat is^{c}āf	l'*ambulance*
Krankheit	maraḍ	maraḍ	marḍ
Kreuz	ṣalīb	ṣalīb	ṣalīb
Kreuzzüge	ḥamla ṣālibīya	ḥamle ṣālibīye	ḥamla ṣālibīya
Kreuzung	mafra	muftara', mafra'	krwāzma (*croisement*)
Krieg	ḥarb	ḥarb	ḥarb
Krise	azma	azma	azma, mizīrīya
Kritik	na'd	naqd	naqd, *critique*
Küche	maṭbaḫ	maṭbaḫ	kuzīna
Kuchen	keka	ka^{c}ak	gātō, ḥalwa
Kugelschreiber	'alam ḥbr	qalam	stīlu, krīyū
Kuh	baggara	baqqara	begra
Kühlschrank	talaga	barrād	frīžidêr
Kultur	ḥaḍāra	ṯaqāfa, ḥaḍāra	ḥaḍāra, ṯaqāfa
Kunde	zibūn	zabūn	kliyān (*client*)
Kurs (Währung)	si^{c}r	si^{c}r	si^{c}r
Küste	šāṭi	šāṭi	šāṭi, *plage*
Lampe	lamba	miṣbāḥ	bōla
Land (Staat)	balad	balad	blēd
Landung	hubūṭ	hubūṭ	hubūṭ
Landwirtschaft	zirā^{c}a	zirā^{c}a	zirā^{c}a, flēḥa
lang(e)	ṭawīl	ṭ(e)wīl	ṭwīl
langsam	baṭi'	mahlan	bišwīya
Lebenslauf	*si-vi* (C.V.)	sīrat ḥayāt	*sē-wē* (C.V.)
Lebensmittel-geschäft	bi'ala	dukkān l-mwād l-ġizā'īya	(e)pīsri (*épicérie*)
Lebensniveau	il-ma^{c}īša	(il-)ma^{c}īša	l-ma^{c}īša
Lehrbuch	ktāb madrasi	kteb medresi	*manuel*
Lehrer	mudarris	mu^{c}allim	mudarris, *prof*
Lehrerin	mudarrisa	mu^{c}allima	mdarrisa, prōfa
leicht (*übertr*)	sahl	sahel	sēhel
leicht (Gewicht)	ḫafīf	ḫfīf	ḫfīf

Deutsch	Ägyptisch	Syrisch	Marokkanisch
leider	lil-asaf	lil-asaf	lil-asaf
Leiter (Chef)	ra'īs	ra'īs, *chef*	*patron, chef*
lernen	darasa	darasa	draṣ
lesen	qara'	qara'	qrā
letzte / letzter	aẖara / aẖīr	aẖīra / aẖīr	aẖīra / aẖēr
Leuchtturm	manāra	manāra	manāra, *phare*
lieben, mögen	aḥabba	aḥabba	aḥabba
ich liebe dich!	baḥibbak (-ik)	nḥibbak (-ik)	(ka)nbġīk
Lied	uġnīya	uġnīye	uġnīya
links	šimāl	yasār	yasār
Liste	lista	qā'ima, lista	qā'ima, lista
Liter	litr	litr	litru, iṭo
Literatur	adabb	adabb	adab
Löffel	ma^c^la'	mala'a	^c^āšeq, muġruf
Lohn	agr	iğr	ẖulṣa
Luftpost	barīd gauwi	barīd ğauwi	*par avion*
Mädchen	bint	fatāt, bint	bnīta, bent, ṭefla
Mahlzeit	wagba	wağba	makla
manchmal	aḥyānan	ahyānan	ba^c^del-marrāt
Mann (*Pl*)	ragul	rağul (rğāl)	rağel (riğāl)
Mannschaft	farī'	fir'a	farqa
Mantel	bālṭo	manṭō, bālṭo	mōnto
Marke (Auto)	marka	marka, ṭirāz	marka
Markt	sū'	sū'	sūq, *marché*
Marmelade	merabba	murabba	kūfitīr
Material	madda	madda	mēdda
Mathematik	riyāḍiyāt	riyāḍiyāt	*math*
Mauer	sūr	sūr, ğidār	ğidār, ḥayṭ
Mechaniker	mikāniki	mikāniki	mekanīk
Medikament	dawa	dawa	dwā
Medizin (Fach)	ṭibb	ṭibb	ṭibb
Meer	baḥr	baḥr	bḥar
mehr	aktar	aktar	zīd, ktar
meiner Meinung nach	fī rā'i	fī rā'ī	fī rā'ī

Deutsch	**Ägyptisch**	**Syrisch**	**Marokkanisch**
Melone	battīḫ	baṭṭīḫ	battīḫa
Mensch	insān	insān	insān
Messe	ma^{c}reḍ	ma^{c}reḍ	ma^{c}riḍ
Messer	sikkīna	sikkīn	mūs
Meter	mitr	mitr	mītru
Miete	igar	iğār	lkra
Milch	ḥalīb	ḥalīb	ḥlīb
militärisch	^{c}askari	^{c}askari	^{c}askari
Mineralwasser	mayya ma^{c}adanīya	mayye ma^{c}adanīye	mā ma^{c}adini
Minister	wazīr	wezīr	wazīr
Ministerpräsident	ra'īs l-wuzarā	wezīr lauwal	wezīr auwal
mit	ma^{c}	ma^{c}	ma^{c} (m^{c}a)
mitbringen	agib	aḥḍara	aḥḍara
Mitglied	^{c}oddu	^{c}oddu	^{c}oḍu
Mittag	duhr	ḍuh(u)r	ḍhur
Mittagessen	ġadā	ġadā´	ġda, *dîner*
Mitte (lpunkt)	wasaṭ	wasaṭ	wasaṭ
Möbel	mubīliya	mafrūšêt	fāš
Mode	mōḍa	mōḍa	mūḍa
modern	ḥadis, ^{c}aṣri	mu'āṣir	^{c}aṣri, *modern*
mögen	ḥabba	aḥabba	bġā
möglich	mumkin	mumkin	mumkin, yimkin
Möglichkeit	imkānya	imkānīye	imkānīya
Moment mal!	dagīga!	lahza, da'īye!	ḍqīqa!
Monat	šahr	šahr	šhar
monatlich	šahri	šahrīyan	kull šhar
Moslem/Muslim	muslim	muslim	muslim
morgen	bukra	bukra	ġadda
Morgen	aṣ-ṣubḥ	ṣub(e)ḥ	ṣ-ṣbāḥ
müde (*f*)	ta^{c}bān(a)	ṭab^{c}ān(e)	^{c}ayyān(a)
Muezzin	mu´addin	mu´azzin	mu´azzin
Mund	bu'	timm	fumm
Museum	metḥef	matḥaf	matḥaf
Musik	musī'a	musī'a	musīqa

Deutsch	Ägyptisch	Syrisch	Marokkanisch
Mutter	umm	umm	umm
Muttersprache	luġat il-umm	liġat il-umm	luġat l-umm
nach (*Zeit*)	ba^c^d	ba^c^d	ba^c^d
nach (*Ort*)	illa, ^c^al	^c^al, illa	l-
Nachbar	gār	ǧār	ǧār
Nachricht	ẖabar	ẖab(a)r	ẖabar
Nachrichten	aẖbār	aẖbār	aẖbār
nächste(r)	illi ba^c^ḍu	(-iǧ)ǧaye	(elli) ǧaye
Nacht	lēla	lēl(a)	līla
nah(e)	'arīb	'arīb	qrīb
Naher Osten	š-šar' il-ausaṭ	š-šarq-il-ausaṭ	iš-šarq l-auṣaṭ
Name	ism	ism	ism
Nase	manhir	anf	nīf
Nation	waṭan	waṭan	waṭan
national	waṭani	waṭani, qaumi	waṭani
Nationalität	ginsīya	ǧinsīye	ǧinsīya
natürlich!	ṭab^c^an!	ma'lūm!	ṭab^c^an!
neben	gānib	ǧēnib	(b)ǧanb, ḥda
negativ	silbi	silbi	silbi, *négativ*
Nimm!	ẖud	ẖōd!	hāk!, ẖūd!, *Voilà*!
nein	lā	lā	lā
neu	gdīd	ǧdīd	ǧdīd
nichts	wala ḥāga	lā šī	wālu
nie	(lā) abadan	(lā) abadan	(lā) abadan
Niveau	mustauwa	mustauwa	mustauwa
Norden	šamāl	šmēl	š-šmāl
normal	^c^ādi	^c^adi	^c^adi, normale
notwendig	lāzim	lāzim	lēzim, darūri
Nummer	nimra	ra'm	raqm, nemra
nur	bāss	bass	ġīr
nützlich , außer	mufīd	mufīd	mufīd, nāfi^c^
Oase	wāḥa	wāḥa	wāḥa
oben	fōg	fō'	fōg
Obst	fawāki	fawāki	fakīya

Deutsch	Ägyptisch	Syrisch	Marokkanisch
oder	au, walla	willa, wulla	wulla
offiziell	rasmi	rasmi	rasmi
Offizier	ḍābeṭ	ḍābiṭ	ḍābiṭ, ofīsi
öffnen	iftaḥ	fataḥa, ḥalla	fataḥa
oft	dayman	mirāran	marrāt
ohne	min ġayr	bidūn, dūn	b(i)lā
Ohr	widn	idn	wden
okay!	tamām!	muwāfiq!	waḫḫa!, ṣafi!
Ökonomie	i(q)tiṣād	iqtiṣād	iqtiṣād
Öl (Speiseöl)	zēt	zēt	zēt
Öl (Erdöl)	bitrōl	naft	pitrōl, neft
Olive	zētūn	zētūn	zētūn
Operation	ᶜamalīya girāḥīya	ᶜamalīye ğirāḥīye	ᶜamalīya ğirāḥīya, *opération*
Optiker	nazzārati	nazzārati	*opticien*
optimistisch	mutafā'il	mutafā'il	mutafā'il
Orangensaft	ᶜṣīr burtu'ān	ᶜaṣīr burtu'āl	ᶜaṣīr limūn
Ordnung	nizām	nīzām	niḍām
Organisation	munazzama	munazzama	munazzama
organisieren	nazzama	nazzama	nazzama
Orient	š-šar' il-ausaṭ	š-šarq-il-ausaṭ	š-šarq l-ausaṭ
Ort	makān	mekēn	makān, blāsa
Ortsgespräch	mukalma maḥallīya	mukālama maḥallīye	mukālama maḥallīya
Osten	šar'	šarq	šarq
Ozean	muḥīṭ	muḥīṭ	muḥīṭ
paar (einige)	šiwayya	baᶜḍ(-il)	baᶜḍ(-il)
Paket	ṭard	rizme, ṭard	bakīye
Palast	'aṣr	'aṣr	qṣar
Palme	naḫla	naḫle	naḫla
Panne	ḥadsa	ḥādis (sayyāra)	ksīda
Papier	wara'	war'et, wara'	wrāq

Deutsch	**Ägyptisch**	**Syrisch**	**Marokkanisch**
Parfüm	barfan	^{c}aṭr	rīḥa
Park	ḥadī'e	ḥadī'e	ǧarda
Parkplatz	mau'if	*parking*	*parking*
Parlament	barlamān	barlamān	parlamān
Partei	ḥizb	ḥizb	ḥizb
Party	ḥafla	ḥafle, bārti	ḥafla, *fête*
Paß	basbūr, gawāz	basbōr	paspōr
Passagier	rākib	rākib	rākib
Paßkontrolle	taftīš il-gawāzāt	taftīš il-basbōr	taftīš l-paspōr
Pause	istirāḥa	istirāḥa	istirēḥa
Personalausweis	biṭā'a šaḫṣīya	huwīye šaḫṣīye	taqwa, *la carte*
persönlich	šaḫṣi	šaḫṣi	šaḫṣi
Pferd	ḥuṣān	ḥiṣān	ḥiṣān, ^{c}aud
Pflanze	zar^{c}a	nebta	nebta
Pflaume	ḫōḫ	ḫōḫ	barqōq
Pförtner	bawwāb	bawwāb	bawwāb
Pfund (Gewicht)	nuṣṣ kilo	nuṣṣ kīlu	nuṣṣ kīlu
Physik	fīsiya	fīsiya	fīzīk
Pistazie	fusdu'	fustu'	pistāš
Plan	ḫiṭṭa	ḫuṭṭa	ḫuṭṭa, *plan*
planmäßig	tibqan lil-ḫiṭṭa	fil-waqt	bel-waqt
Platz (Bus)	makān	maq^{c}ad	blāssa
Platz (örtlich)	midān	sāḥa	plāssa, sāḥa
Politik	siyāsa	siyāse	siyāsa
Politiker	siyāsi	siyāsi	siyāsi
politisch	siyāsi	siyāsi	siyāsi
Polizei	bolīs	bolīs, šurṭa	bōlīs
Polizist	šurṭi	šurṭi	bōlīsi
Portemonnaie	maḥfaza	ǧizdān	beztām
positiv	igābi	īǧābi	īǧābi
Postamt	mektab barīd	barīd	bosta, barīd
Postfach	ṣandūg l-barīd	ṣandū´ il-barīd	ṣandūq l-barīd
Postkarte	kart	bīṭā'a msauwara	kārt postāl
Präsident	ra'īs	ra'īs	ra'īs
Preis	si^{c}r	si^{c}r	si^{c}r

Deutsch	Ägyptisch	Syrisch	Marokkanisch
Presse	ṣiḥāfa	ṣiḥāfa	ṣaḥāfa
privat	ḫāṣ	ḫāṣ	ḫāṣ, *privé*
Problem	muškila	miškila	muškila
Produkt	muntag	muntağ	mantuğ, *produit*
Programm	barnāmag	barnāmağ	barnāmağ, *programme*
Prophet	rasūl	rasūl, nabbi	rasūl, nebbi
Prost!	fi ṣaḥḥtak!	ṣaḥḥtēn!	b-ṣaḥḥa!
Provinz	muḥāfaza	muḥāfaza	wilāya, muḥāfaza
Prozent	nisba, bil-mīyya	bil-mīyye	fil-mīya
Prüfung (Schule)	imtiḥān	imtiḥān	mtiḥān
Pullover	bulōwer	kanze	*tricot*
pünktlich	biz-zabṭ	bel-waqt	fel-waqt
Pyramiden	ahrām	ahrām	ahrām
Quadratmeter	mitr murabbᶜ	mitr murabbaᶜ	mitr murabbaᶜ
Qualität	nauᶜīya	kēfīye	nauᶜīya
Quittung	faṭṭūra, waṣl	fattūra, waṣl	fattūra, ḥsēb
Rad	ᶜagala	dūlāb, *tyre*	iṭār, rwayḍa
Radio	radio, idāᶜt	izāᶜa	idāᶜa, *radio*
Rasierapparat	maknit al-ḥilā'	mākinit ḥilā'a	makīna diyēl l-ḥilāqa
Rasierklinge	mūs	šafra ḥilā'a	šafra zizwār (*rasoir*)
Rasierseife	krīm ḥilā'	ṣabūn ḥilā'a	ṣabūn l-ḥilāqa
Rasierwasser	rīḥa	rīḥa, kolōnya	rīḥa
Rathaus	dār il-baladīya	baladīye	baladīya
Raucher	mudaḫḫin	mudaḫḫin	mudaḫḫin
Raum	ḥugra	ġirfe	bīt, šambra
Rechnung	ḥisāb	ḥsāb, fattūra	ḥsēb
rechts	yamīn	yamīn	yamīn
Regierung	ḥukūma	ḥ(u)kūme	ḥukūma
regnet, es	bimaṭar	fī matar	štā
reich	ġāni	ġani, zangīn	ġani
Reifen	kauwitš	dūlāb, iṭār	bnū, rwēḍa

Deutsch	**Ägyptisch**	**Syrisch**	**Marokkanisch**
Reise	safar	safr, safra	riḥla
Reisebüro	maktab siyāḥa	mekteb is-safr	maktab iṣ-ṣafr, *agence de voyage*
Reiseführer	muršid	dalīl, guide	gīd, dalīl
Reisegruppe	magmū^{c}a siyāḥīya	fir'a is-safr	firqa iṣ-ṣafr
Religion	dīn	dīn	dīn
religiös	dīni	dīni	dīni
Reparatur	taṣlīḥ	taṣlīḥ	teṣlīḥ
Republik	gumhurīya	ğumhurīye	ğumhurīya
reservieren	ḥagaza	ḥağaza, ṭalaba	ḥağaza, *réserver*
reserviert	maḥgūz	maḥğūz	*réservé*
Reservierung	ḥagz	ḥağz	ḥağz
Restaurant	maṭ^{c}am	maṭ^{c}am	maṭ^{c}am, *restaurant*
Rettungswagen	sayyārit al-is^{c}āf	sayyārat is^{c}āf	seyyārat is^{c}āf
Revolution	taura	ṯaura	ṯaura
Rezept (Arzt)	rušēta	waṣfa	waṣfa
Rezeption	istiqbāl	istiqbāl	istiqbāl
richtig	ṣaḥḥ	ṣaḥīḥ, ṣaḥḥ	ṣḥīḥ
Richtung	ittigāh	ittiğāh	ğīha
Rock	gība	ḫarrata, tannūra	*jupe*, ṣāya
rot (*f*)	aḥmar (ḥamra)	aḥmar (ḥamra)	ḥmarr (ḥamra)
Rückkehr, -fahrt	^{c}auḍa	^{c}auḍa	ruğū^{c}
Ruhe!	hidū' !	skut!, iḫraṣ!	*silence*!
ruhig	hādi	hādi´	trankīl, sāket
Ruinen (*hist*)	atār	atār	atār
Rundfunk	izā^{c}a	izā^{c}a	idā^{c}a
Saal	ṣāla	qā^{c}a, ṣāla	ṣāla
Sache	ḥāga	šī	*truc*, ḥāğa
Safe	ḫazzna	*safe*, ḫazzāna	*coffre*
Saft	^{c}aṣīr	^{c}aṣīr	^{c}aṣīr
Sag mir...!	'ulli!	'ulli...!	gulli...!
Sahne	'išta	išta	qišta, *crème*

Deutsch	Ägyptisch	Syrisch	Marokkanisch
Salat	ṣalata	ṣalaṭa, ẖass	šlāda, *salade*
Salz	malḥ	milḥ	melḥ
Sand	raml	raml	ramla
Sandsturm	ᶜāṣifa ramlīya	zōbaᶜa, ġabra	ġabra, ᶜǧēǧ
Sandwich	sandawitš	*sandwich*	kaskrūṭ
satt	šabᶜān	milyān	šebᶜān
sauber	niḍīf	n(a)zīf	nḍīf, nqī
saubermachen	naḍafa	nazzafa	naqqa
schade!	ẖisāra!	yā ẖasāra!	yā ẖasāra!, *dommage*!
Schaf	ẖarūf	ġanam	ġnam, ḥauli
Schaffner	kumsāri	mufattiš	murāqib, *contrôleur*
Schal	šāl	lafāḥa, šāl	*cachenez*
Schalter (Bahnhof)	šibāk at-tazākīr	šibbāk	gīši
Schalter (elektr)	barīsa	brīsa	prīz (*prise*)
scharf	ḥara'	ḥarr, ḥadd	ḥarr
Schatten	ḍill	zill	iḍ-ḍall
Schere	ma'as	m'aṣṣ	mqaṣṣ
Schiff	markib	safīna	babōr, bātō
Schlafanzug	biǧāma	biǧāma	piǧāma
Schlafwagen	ᶜarabīya nōm	ᶜaraba nōm	*couchette*
Schleier	ḥigāb	ḥǧāb, fulār	ḥayk, fulār
Schloß (Palast)	'aṣr	'aṣr	qṣar
Schlüssel	miftāḥ	miftāḥ	miftāḥ, sārūt
Schmerzen	augāᶜ	auǧāᶜ, ᶜalam	wǧaᶜ
Schmerztablette	asbrī	*Aspirin*	*Aspirin*
schmutzig	wasiẖ	wasiẖ	mwussaẖ
Schneider	tarzi	ẖayyāṭ	ẖayyāṭ
schnell	sarīᶜ	bis-surᶜa	bzerba, fissa
Schokolade	šokolāta	šukulāṭa	šuklāta
schön (*f*)	ḥilwi (ḥilwa)	ḥelu (ḥelwa)	zīn(a)
Schrank	dulāb	ẖizāna	mēryu
schreiben	kataba	kataba	kataba

Deutsch	**Ägyptisch**	**Syrisch**	**Marokkanisch**
Schreibmaschime	ālat katba	ālat kātiba	daktilu
schriftlich	kitābi	kitābi	kitābi
Schriftsteller(in)	kātib(a)	kātib(a)	kātib(a)
Schuhe	gazma	subbāt	sebbāṭ
Schuld	zanb	zamb	damb
Schule	madrase	madrase	madrasa, līkūl
Schüler	telmīd	tilmīz	tilmīd
Schutz	ḥimāya	ḥimāya	ḥimāya
schwarz (*f*)	iswid/suda	aswad/sauda	kḥall/kaḥla
Schweinefleisch	laḥmit ẖanzīr	laḥm ẖanzīr	laḥm ẖanzīr
schwer (Last)	ti'il	ṯaqīl	tqēl
Schwimmbad	ḥammān sibāḥa	masbaḥ	pisīn, maṣbaḥ
schwimmen	sabḥ, ᶜam	sabaḥa	ᶜēm
See (der)	buḥēra	buḥēra	ḍāya
See (die)	baḥr	baḥr	bḥar
sehen	šāfa	šāfa	šāfa
sehr	ktīr	ktīr	bezzêf, ktīr
Seife	ṣabūna	ṣabūn	ṣabūn
seit	munz, men	men, munzu	men
Seite (Buch)	ṣafḥa	ṣafḥa	ṣafḥa
Sekunde	tānya	tāniya	tāniya
ich selber, selbst	ana nafsi	nafsi	brūḥi, binafsi
du selbst	inta binafsak	nafsak	brūḥak, binafsak
selbstverständlich!	ṭabᶜan!	ma'lūm!	ṭabᶜan!, akīd!
selten	nādir	nādiran	qlīl
seltsam	ġrīb	ġrīb	ġrēb, bizarre
Seminar	muḥāḍara	muḥāḍara	muḥāḍara
senden	baᶜat, arsala	arsala	seyfeṭ
Setzen Sie sich!	iglis!	iğlis!	gles!, strīḥ!
sicher (sein)	muta'akkid	muta'akkid	mut'akkid
Sieh mal! (*f*)	šūf(i)!	šūf(i)!	šūf(i)!
Silber	faḍḍa	fiḍḍa	fiḍḍa, noqra
Sitte	taglīd	taqlīd	taqlīd
Situation	waḍᶜ	waḍᶜ	waḍᶜ

Deutsch	**Ägyptisch**	**Syrisch**	**Marokkanisch**
Sitzplatz	ma'ad	maḥall	blāssa
so (also)	ya^{c}ni	idan	ya^{c}ni
so (Art und Weise)	kida	hēk	hēk, hākda
sofort	ḥalan	ḥalla', fauran	dēba
sogar	ḥatta	ḥatta	ḥatta
Sohn	ibn	ibn	ben, wald
Soldat	gundi	ğundi	ğundi, ^{c}askri
Sommer	ṣayf	ṣēf	ṣayf
Sonne	šams	šam(e)s	šams
Sonnenbrille	nadārit šams	nazzārat iš-šams	nḍāḍer diyēl š-šams
Sorte	nū^{c}	nō^{c}, nau^{c}	nau^{c}
sowie	wi kamān	ū kamān	bḥāl
später	ba^{c}dēn	ba^{c}dēn	ba^{c}dēn
Spaziergang	tamšīya	ğaula	nuzha, ḫarğa
Speisekarte	lā'iḥit al-akl	lista, menu	mīnu
spezial	ḫāṣ	ḫāṣ	ḫāṣ
Spiegel	miraya	mir'āt	mrayye
Spiel	li^{c}ba	la^{c}(i)b	la^{c}(i)b
Spielzeug	li^{c}ba	lu^{c}aba	la^{c}aba
Sport	riyāḍa	riyāḍa	riyāḍa, spōr
Sportler	riyāḍi	riyāḍi	riyāḍi
Sportplatz	mal^{c}ab	mal^{c}ab	stād, mal^{c}ab, tīrān
Sprache	luġa	liġa, luġa	luġa
Sprachführer	dalīl luġawi	dalīl liġawi	dalīl luġawi
sprechen	itkallim	ḥakka	tkallama
Sprechstunde	mawā^{c}īd az-ziyāra	auqāt il-muqābala	auqāt il-muqābala
Sprichwort	matal	matal	matal
Spritze	ḥu'na	ibra	ibra
Staat	daula	daule, daula	daula
staatlich	biṭā^{c} ad-dauli	dauli	ḥukūmi
Staats-angehörigkeit	ginsīya	ğinsīye	ğinsīya

Deutsch	Ägyptisch	Syrisch	Marokkanisch
Stadion	istād	mal^{c}ab	mal^{c}ab, stād(e), tīrān (*terrain*)
Stadt	madīna	mdīnē	mdīna
Stamm (ethnisch)	‘abīla	qābila	qbīla
ständig	mustamirr	mustamirr	mustamirr, dīma
Star (Medien)	nagm	nağm	nağm
stark	auwi	auwi	quwi
Start (Abflug)	qiyām	qiyām	dahāb
Station (Bus)	mḥaṭṭa al-otobisāt	mau’if	lāri
Station (Klinik)	‘ism	‘ism	qism
statt	badal	badalan	badalin
stattfinden	gara	ğara	ḥadasa
Steckdose	barīsa	brīsa	prīs
Bleiben Sie stehen!	wā’af ^{c}andak!	wā´ef!, qif!	bqa’ wāqef!
Stempel	ẖitm	ẖatm	damġa, ṭābe^c
Steuern	ṭarayyib	ḍarā´ib	ḍarā´ib
Stewardeß	muḍīfa	muḍīfa	muḍīfa, *hôtesse*
Stiefel	bōṭ	ğazme, bōṭ	botiyō
Stift	‘alam	alam	stīlu, qalam
stimmt!	ṣaḥḥ!	ṣaḥḥ!	bṣaḥḥ!
Stipendium	minḥa	minḥa	burṣ
stolz	faẖūr	faẖūr	faẖūr
störe ich?	baz^{c}ig?	az^{c}ağ?	*je dérange*?
Strand	šāṭi	šāṭi, *plage*	*plage*, šāṭi
Straße	šāre^c	šāri^c, (ṭarī.)	trēg, šāri^c
Straßenbahn	tromay	tram	tram
Streichholz	kabrīt	kibrīt, nār	luqīd
Streik	iḍrāb	iḍrāb	iḍrāb
Strom (elektr)	kahraba	kahraba	trīsitē, ḍau
Strumpf	šarab	kalsāt	tqāšer
Student(in)	ṭālib(a)	ṭālib(a)	ṭālib(a)
Studentenheim	al-madīna al-gami^{c}īya	bīt ṭalaba	*R.U.* (sprich: er-ü)

Deutsch	Ägyptisch	Syrisch	Marokkanisch
Studienjahr	sanna dirāsīya	ṣaff	klās
Studium	dirāsa	dirāsa	dirāsa
Stuhl	kursi	kursi	kursi
Stunde	sāᶜa	sāᶜa	sāᶜa
stündlich	kull sāᶜa	kill sāᶜa	kull sāᶜa
ich suche	ana badauwwir	ᶜam bfatteš	(ka-)nfetteš
Süden	ganūb	ğ(e)nūb	ğanūb
Summe	mablaġ	mablaġ	mablaġ
Suppe	šurba	šorba	sōbba, šorba
süß	ḥilu	ḥelwa	ḥlu
Süßigkeiten	ḥalwa	ḥelwiyāt	ḥalwa
sympathisch (*f*)	laṭīf(a)	laṭīf(a)	lṭīf(a)
System	nizām	nizām	niḍām
Tablette	biršāma	irṣ	pastīya, kīna
Tag	yōm	yōm, nahār	yōm, nhār
täglich	yaumi	kill yōm	kull yōm
Tagung	mu'atamar	mu'atamar	mu'atamar
Tal	wādi	wādi	wādi
Tankstelle	miḥaṭṭit banzīn	mḥaṭṭat banzīn	mḥaṭṭa de-l-issāns
tanzen	ra's	ra'aṣa	raqaṣa, štaḥ
Tasche	šanṭa	šanṭa	kartāb, sāk
Taschenrechner	ālat ḥasba	ḥassāba	*calculatrice*
Taschentuch	mandīl	mandīl	mandīl, *mouchoire*
Tasse	fingān	finğān	ṭāṣa
Tätigkeit	šuġl	šuġl	šuġl, bezness
Taxi	*taxi*	*taxi, service*	*taxi*
Taxifahrer	'usṭa	sā'iq	*chauffeur*
Technik	tekknologīya	taknīk	teknīk
Tee	šay	šay	*thé*, šay, tay
Teelöffel	ma'lat šay	mala'a	ᶜāšeq, muġruf
Teil	guz'	ğuz'	ğuz'
teilnehmen	ištaraka	ištaraka	ištaraka
Teilnehmer	muštarik	muštarik	muštarik

Deutsch	**Ägyptisch**	**Syrisch**	**Marokkanisch**
teils, teils	nuṣṣ-nuṣṣ	hēk-u-hēk	hēk-u-hēk
Telefon	telefōn	tilifōn	telefōn
Telefonbuch	dalīl at-telefōn	dalīl il-hātif	dalīl telefōn
Telefongespräch	mukalma	mukalme	mukālama
Telefonzelle	kabīnet telefōn	ġirfet tilifōn	*cabine téléphonique*
Telegramm	telegrām	bar'īye	barqīya, *télégramme*
Teller	taba	ṣaḥn	ṭabsīl
Temperatur	daraga	darağe	darağa ḥrāra
Teppich	sigād	siğāde	zerbīya
Termin	mi^{c}ad	mau^{c}id	mau^{c}id
teuer	gāli	ġāli	ġāli
Theater	masraḥ	masraḥ	masraḥ
Theaterstück	masraḥīya	masraḥīye	masraḥīya
Thema	maudū^c	mauḍū^c	mauḍū^c
Tier	ḥaywān	ḥaywān	ḥayawān
Tierarzt	biṭari	bayṭari	bayṭari
Tisch	tarabēza	ṭaule	ṭābla
Tochter	bint	bint	bint
Tod	maut	mōt	mōt
Toilette	tu'alet	tu'alēt	toilette, kēnif
Toilettenpapier	wara' tu'let	war'et tu'alēt	uraq twālēt
Tonne	ṭin	ṭon	ṭon
Tor	bāb	bāb	bāb
tot	mayyet	mayyet	meyyet
Tourismus	siyāḥa	siyāḥa	siyāḥa
Tourist	sāyiḥ	sā'iḥ	sā'iḥ, *touriste*
Touristenklasse	daraga siyāḥīya	darağa siyāḥīya	*classe touriste*
Transport	na'l	na'l	naql
traurig	ḥāzin	ḥāzin	ḥāzin
treffen	abbil	abbil	tlēqa
Treffen	mu'abla	liqā'	liqā'
Treffpunkt	makān al-mu'abla	multaqa	multaqa

Deutsch	**Ägyptisch**	**Syrisch**	**Marokkanisch**
trinken	širb	širba	šrab
Trinkgeld	ba'šīš	bakšīš	*pourboire*
Trinkwasser	mayyit šarb	mayy, mā	mā
Trockenheit	gafāf	ğaffāf	ğafāf
trotz	ᶜala ar-raġm	raġma	bi-raġm
Tuch	fuṭṭa	qumāš	qumāš, zīf
Tunnel	nafa'	nafaq	nafaq
Tür	bāb	bāb	bāb
Turm	burg	burğ	burğ
Tüte	kīs	kīs	kīs, mīkka
typisch	mumayyiz	mumayyiz	mayyez
überall	fī kull makān	fī kull makān	fī kull mkān
übermorgen	baᶜd bukra	baᶜd bukra	baᶜd ġadda
übernachten	baiyat	nazala	nazala
Überraschung	mufāga	mufāğaᶜa	mufāğaᶜ, *surprise*
übersetzen	targama	tarğama	ṭarğama
Übersetzung	targama	tarğama	ṭarğama
üblich	ᶜādi	ᶜādi	taqlīdi
Uhr	sāᶜa	sāᶜa	magāna
um... zu...	ᶜašan	li...	beš...
umbuchen	badil	ᶜaddala	ġaiyyara
umkehren	ragiᶜ	rağaᶜ	rağaᶜ
Umleitung	taḥwīl	taḥwīl	*déviation*
umsonst (*übertr*)	ᶜal fāḍi	balāš	bāṭal, blêš
umtauschen	ġaiyyar	baddala	baddala
unabhängig	musta'ill	musta(q)ill	mustaqill
Unabhängigkeit	isti'lāl	isti'lāl	istiqlāl
unbekannt	miš maᶜrūf	miš maᶜrūf	māši maᶜrūf
und	wa	ū, wa	w, ū
Unfall	ḥadsa	ḥādis	ksīda(n)
ungefähr	ta'rīban	ḥawāli	taqrīban
unglaublich!	miš ma'ūl!	miš ma'ūl	māši maᶜqūl!
Unglück	muṣība	muṣība	muṣība

Deutsch	**Ägyptisch**	**Syrisch**	**Marokkanisch**
ungültig	ġayr ṣāliḥ	mū ṣāliḥ	māši ṣāleḥ
Universität	gamᶜa	ğāmᶜa	ğāmiᶜa, *fac(ulté)*
unmöglich	mišmumkin	miš mumkin	māši mumkin
unten	taḥt	taḥ(e)t	taḥt
Unternehmen	širka	širke	šarika, *entreprise*
Unterschied	far'	far'	farq
Unterschrift	imḍa'	tauqīᶜ	tauqīᶜ
Untersuchung	faḥṣ	faḥṣ	faḥṣ
Urlaub	agaza	oṭle	ᶜuṭla, kunži
Ursache	sabab	sabab	sabab
Vater	āb	āb	būya, āb
Vaterland	waṭan	waṭan	waṭan
verantwortlich	mas'ūl	mas'ūl	mas'ūl
verboten!	mamnūᶜ	mamnūᶜ	mamnūᶜ
Verbrechen	garīma	ğarīma	ğarīma, krīma
Verein	nādi	nādi	nādi
Vereinigung (Prozess)	tauḥīd	tauḥīd	tauḥīd
Verfassung	dustūr	dustūr	dustūr
Vergangenheit	māḍi	māḍi	māḍi
vergessen	nisi	nasiya	nsē
Vergleich	muqārana	mu(q)ārana	muqārana
Verhandlung	mufāwaḍa	mufāwaḍa	mufāwaḍa
verheiratet (*f*)	miggauwiz(a)	ğauwiz(a)	mzauwağ(a)
Verkauf	bayᶜa	bīᶜa	bīᶜa
zu verkaufen!	lil-bayᶜa!	lil-bīᶜ, *4 sale*	lel-bīᶜ, *à vendre*
Verlängerung	tamdīd	tamdīd	tamdīd
verlassen	tarka	taraka	taraka, kīti
Verletzung	iṣāba	iṣāba	iṣāba, ğarḥa
ich habe verpaßt	fatni	fatēt	fatēt
verrückt	magnūn	mağnūn	mağnūn
Versammlung	igtimāᶜ	iğtimāᶜ	iğtimāᶜ

Deutsch	**Ägyptisch**	**Syrisch**	**Marokkanisch**
Verspätung	ta'ḫīr	ta'ḫīr	ta'ḫīr
verstehen	fahm	fahima	fahima
Vertrag	ᶜa'd	ittifā(q)	ittifāq, kunṭrā
Verwaltung	idāra	idāra	idāra
Verzeihung!	ᶜafwan!	ᶜafwan!	ᶜafwan!
verzichten	tanāzal	rafaḍa	rafaḍa
viel	ktīr	ktīr	bezzēf, yāser
vielleicht	rubbama	mumkin	mumkin
Vogel	ᶜafur	ṭayir	ṭayir
Volk	šaᶜb	šaᶜb	šaᶜb
völlig	kāmil	kāmil	šāmil, kāmil
von	min	min	min, men
vor	'abl	'abl	qabl(a)
vorgestern	'abl imbāriḥ	auwalt mbēreḥ	qabla lbēreḥ
vorig (*f*)	māḍī(ya)	māḍi(ya)	māḍi(ya)
Vorlesung	muḥāḍara	muḥāḍara	muḥāḍara
Vormittag	'abl ad-duhr	'abl id-duhr	qabl id-duhr
vorn	guddām	iddām	guddām
Vorname	il-ism il-auwal	il-ism il-auwal	ism auwal
Vorschlag	iqtrāḥ	iqtirāḥ	iqtirāḥ
Vorsicht!	ḫud bālak!	ntabeh!	dīr bēlek!
Vorsitzender	ra'īs	ra'īs	ra'īs, *président*
Vorteil	mīza	fā'ide	mzīya
Vortrag	muḥaḍra	muḥāḍara	muḥāḍara
Waffe	silāḥ	silāḥ	silaḥ
Wahlen	intiḫābāt	intiḫābāt	intiḫābāt
wahr	ḥa'ī'i	ḥaqīqi, ṣaḥīḥ	ḥaqīqi
während	asnā'	ḫilāl, isnā	ḫilāl
Wahrheit	ḥagīga	ḥa'īya	ḥaqīqa
Wald	ġāba	ġāba	ġāba
Wand	ḥiṭā	ğidār	ḥā'iṭ, ḥēṭ
wann	imta	emta	waqtēš, emta
Warte!	istanna!	istanna!	istanna!
warum	lē	lē(š)	(a)lēš
was	ē	šū	šnu(a), ēš

Deutsch	**Ägyptisch**	**Syrisch**	**Marokkanisch**
Wäscherei	maġsala	maġsala	maġsala
Waschmaschine	ġassala	ġassāla	ġassāla
Wasser	mayya	mayye	mā
Wasserpfeife	šīša	nargīleh	šīša
wechseln	baddil	baddala	ġayyara
Wechselstube	maṣraf	maṣraf	maṣraf
Wecker	minabbi	munabbi	fayyāq
Weg	ṭarī'	ṭarī'	trēg
wegen	bi-sabbab	bi-sabbab	^{c}ala qibēl
weil	^{c}ašan	li-ēnno	^{c}ala qibāl, ḥīt
Wein	nibit	ẖamar, nabīd	nabīd
Weintrauben	^{c}inab	^{c}aynab	^{c}aynab
weiß (*f*)	abyaḍ (bayḍa)	abyaḍ (bayḍā)	abyaḍ (bīḍa)
weit	ba^{c}īd	ba^{c}īd(e)	ba^{c}īd
welche	ayy	ayye	ēš men...
welcher	ayy	ayy	ēš men...
Welt	dunya	dinya, ^{c}alam	dunya
Weltkrieg	al-ḥarb al-^{c}ālamīya	il-ḥarb il-^{c}ālamīya	il-ḥarb il-^{c}ālamīya
wenig	'alīl	alīl, šweyya	qalīl, šwīyye
wenn (*falls*)	lama	iza, lō...	iza, lūkā
wer	mīn	mīn	mīn, škūn
Werkstatt	warša	warša, garāğ	garağ, mekanīk
wesentlich	asāsi	asāsi	ğauhari
Westen	ġarb	ġarb	ġarb
Wetter	ta'as	(iṭ-)ṭa'as	(iṭ-)ṭaqs, ğau
wichtig	muhimm	muhimm	muhimm
wie	azzay	kīf	kīf, kīfêš
Winter	šitā'	šitā'	šitā'
wir	iḥna	naḥna	iḥna
Wirtschaft	iqtiṣād	iqtiṣād	iqtiṣād
wirtschaftlich	iqtiṣādi	iqtiṣādi	iqtiṣādi
wissen	^{c}arafa	^{c}arifa	^{c}arifa
Wissenschaft	^{c}ilm	^{c}ilm	^{c}ilm
Wissenschaftler	^{c}ālim	^{c}ālim	^{c}ālim

Deutsch	**Ägyptisch**	**Syrisch**	**Marokkanisch**
wo	wēn	wēn, fēn	wēn, fēn
Woche	isbū^{c}, gum^{c}a	usbū^{c}, ğum^{c}a	sīmāna, ğum^{c}a
Wochenende	nihāyet al-isbū^{c}	*weekend*	*weekend*
wöchentlich	isbū^{c}īyan	kill il-ğum^{c}a	kull il-ğum^{c}a
woher	minēn	min (w)ēn	min ēn
wohin	lifēn	lawēn	lwēn, lfēn
Wohnung	ša'a	manzil	menzel
Wort	kilma	kilme	kalima
Wörterbuch	qamūs	amūs	qāmūs
Wunde	ta'wīra	ğirāḥ	ğarḥa
Wunsch	umnīya	raġbe	raġba, umnīya
Wurst, Würstchen	sugu'	suğuk	sōsīs
Wüste	ṣaḥara	ṣaḥrā'	ṣaḥrā'
Zahl	^{c}adad	ṣifr	ṣifr
zahlen	dafa^{c}	dafa^{c}	dafa^{c}
zählen	^{c}add	^{c}addada	^{c}addada, ḥsēb
Zahn	sinna	sinn	sinn
Zahnarzt	duktur sinān	ṭabīb il-isnān	ṭabīb il-isnān
Zahnpasta	furšit sinān	ma^{c}ğūn isnān	dantifrīs
Zahnschmerzen	waga^{c} sinān	wağa^{c} isnān	wağa^{c} snān
Zeig mir...!	warrīni!	warrīni!	warrīni!
Zeit	wa't	wa't	waqt
Zeitschrift	magalla	mağalla	mağalla
Zeitung	garīda	ğarīda	ğarīda, *journal*
Zentimenter	santimeter	santimitr	santi
Zentrum	markaz	wisṭ	markaz, wasaṭ
Zeugnis	šahāda	šahāda	šahāda
Ziel	hadaf	hadaf	hadaf
Zigarette	sigāra	sigāra	gārru
Zimmer	ūḍa	ġirfe	ġurfa, šambra
Zionismus	ṣahyūnīya	ṣihyūnīye	ṣihyaunīya
Zitrone	lamana	lēmūn	līmōn
Zoll	gumruk	ğumruk	*douane*
Zoo	ḥadī'at al-ḥayawānīya	ḥadī'a ḥayawānīye	ḥadīqa ḥayawān

Deutsch	Ägyptisch	Syrisch	Marokkanisch
zu	katīr	ktīr	bezzēf
zu groß	aṭwal katīr	kbīr ktīr	kbīr bezzēf
zu teuer	aġla katīr	ġāli ktīr	ġāli bezzēf
zu viel	aktar	... ktīr	... bezzēf
Zucker	sukkar	sikkar	sokkar
zuerst	al-auwil	auwalan	auwalan
Zufall	ṣudfa	ṣudfa	ṣudfa
zufrieden	mabsūt	mabzūt	ferḥān
Zug	ʻaṭr	ʻaṭr	trēn, qiṭār
Zukunft	musta'bal	musta'bal	mustaqbal
Zunge	lisān	lisān	lisān
zurückkehren	ᶜauḍa	rağaᶜ	rağaᶜ
Zuschlag	ziyāda	iḍāfe	ziyāda
zustimmen	wāfaqa	wāfaqa	wāfaqa
Zweifel	šakk	šekk	šakk
Zwiebel	baṣal	baṣal	baṣl
zwischen	bēn	bēn(a)	bēn(a), mā bīn

Abu Dhabi	ābu ḍabi
Afrika	ifriqīya
Ägypten	miṣr, maṣr
Ägypter	maṣri
ägyptisch	miṣri
Aleppo	ḥalab
Alexandria	(i)l-iskandarīya
Algerien	il-ǧazā'ir, il-gazā'ir (*ägypt*)
Algier	il-ǧazā'ir, il-gazā'ir
Amerika	amrīka
Amerikaner	amrīki
amerikanisch	amrīki
Amman	ᶜammān
Ankara	ankara
Aqsa-Moschee	al-aqṣa
Argentinien	al-arǧentīn
Asien	āziya
Atlas-Gebirge	ǧibāl al-aṭlās
Australien	ustrālya
Babylon	bābil
Bagdad	baġdād
Basra	al-baṣra
Bahrein	al-baḥrēn
Beirut	bērūt
Belgien	belǧīka
Berlin	berlīn
Bethlehem	bēt laḥ(a)m
Brasilien	brazīl
Brüssel	bruksel
Byblos	ǧbēl
Casablanca	*Casa*, dār il-bēḍā
China	aṣ-ṣīn
Damaskus	dimašq, iš-šām
Deutschland	almānya
Deutscher	almāni
Deutsche	almānīyye
deutsch	almāni

Dubai	dubay
England	inkilterra
englisch	inglīzi
Euphrat	al-furāt
Europa	aurubba
Europäische Union	al-ittihād al-aurubbi
Fes	fās, fēs (*Fés*)
Frankfurt	frankfurt
Frankreich	fransa
französisch	fransāwi
Galiläa	al-ğalīl, al-galīl
Gaza-Streifen	(qiṭ^{c}) ġazza
Golan	al-ğulān, al-gulān
Großbritannien	briṭānya, inkilterra
Hebron	al-ḫalīl
Indien	al-hind
Irak	al-^{c}ayrāq
Iran	irān, (fars)
Israel	isrā'īl
Istanbul	stambul
Italien	itālya
Japan	al-yabān
Jemen	al-yaman
Jerusalem	al-quds, al-'uds
Jordan	al-urdunn
Jordanien	al-urdunn
Kairo	al-qāhira
Kanada	kanada
Karthago	kartāğ
Kurdistan	kurdistān
Kuweit	al-kuwēt
Libanon	lubnān
Libyen	lībiya
London	london
Maghreb	maġreb, maġrib
Marokko	maġrib, *Maroc*
Marrakesh	marākeš, marāk(u)š (*marokk*)

Mashrek	mašriq
Mauretanien	mauretān(i)ya
Medina	medīna
Mekka	mekka
Mexiko	al-meksīk
Mittelmeer	al-baḥr al-abyaḍ al-mutawassiṭ
Moskau	mosku
Mossul	al-mausil
Naher Osten	aš-šar(q) il-ausaṭ
Nazareth	an-nāṣira
New York	nyu york
Niederlande	hulanda
Nil	(nahr) an-nīl
Oman	ᶜumān
Oran	wahrān, *Oran*
Orient	aš-šar(q) al-ausaṭ
Österreich	an-nimsa
Paris	bārīs, *Paris*
persisch	farsi
Persischer Golf	al-ḫalīǧ (ḫalīg *ägypt*) al-fārisi / al-ᶜarabi (*je nach Standpunkt*)
Qatar	qaṭar
Palästina	filasṭīn
Rabat	ar-ribāṭ, *Rabat*
Rom	rūma
Rotes Meer	al-baḥr al-aḥmar
Rußland	russīya
Sahara	aṣ-ṣaḥrā'
Sanaa	ṣanᶜā
Saudiarabien	as-saᶜudīyya
Schweiz	swīsra
Spanien	isbānya
spanisch	isbāni
Suezkanal	qanāt s(u)wēs
Sudan	as-sudān
Syrien	sūrīya / aš-šām (*pop*)
Teheran	tehrān

Tel Aviv	tall abīb
Tigris	diğla
Tokio	tūkyu
Totes Meer	al-baḥr al-mayyit
Tripolis	ṭrāblus
Tunesien	tūnis
Tunis	tūnis
Türkei	turkīya
türkisch, Türke	turki
USA	al-wilāyāt al-mutaḥḥida
Vereinigte Arabische Emirate	al-imārāt al-ᶜarabīyya al-mutaḥḥida
Washington	wāšhingtūn
Westbank	aḍ-ḍiffa al-ġarbīya
Westsahara	aṣ-ṣaḥrāᶜ al-ġarbīya
Wien	fyenna / wyenna
Zürich	zūrig

Dollar	dūlār (amrīki)
Euro	yūro, *öro* (*Maghreb*)
Franken (Schweiz)	frānk swīsri
Pfund (Großbritannien)	gīnē inglīzi
Dollar (Kanada)	dūlār kanadi
Dollar (Australien)	dūlār ustrāli
Pfund (Ägypten)	gīnē miṣri
Pfund (Syrien)	līra sūrīya
Pfund (Libanon)	līra lubnānīya
Dirham (Marokko)	dirham maġribi
Dinar (Algerien)	dinār ǧazā'iri
Dinar (Tunesien)	dinār tūnisi
Dinar (Libyen)	dinār lībi
Dinar (Jordanien)	dinār urdunni
Rial (Saudi-Arabien)	riyāl sa^cūdi
Rial (Qatar)	riyāl qaṭari
Rial (Oman)	riyāl ^cumāni
Dirham (Emirate)	dirham al-imārāt
Dinar (Irak)	dinār ^cayrāqi
Dinar (Kuwait)	dinār kuwēti
Dinar (Bahrein)	dinār baḥrēni
Dinar (Jemen)	dinār yamani

Hallo!/Guten Tag!	s-salāmu ^{c}alīkum!
Auf Wiedersehn!	bis-slāma!
ja	wā
nein	l-lā
bitte	mağğaṯaẖseḍ
danke	šukran / ṣaḥḥīt
ich heiße	nešqqaren-nayī
Wie heißt du?	mameš dašqqaren?
Ich bin Deutscher.	neš daliman
Ich bin Deutsche.	neš t-talimant
Ich bin Student.	neš damaḥdar
Gibt es...?	qaḍin(i)?
wo	mani
wann	mermi
wer (f)	manwan (mantan)
wie	mameš
warum	mayami
wie lange	mašḥār
Was ist das?	manya^{c}na winaṯa?
Entschuldigung!	samḥayi!
Achtung!	ġārem!
Okay!	ṣāfi!
Stop!	bed!
ich möchte	naš ẖsaġ
ich möchte nicht	naš waraẖsaġ ša

1	waḥit / iğ-ğ(e)n
2	ṯneyn
3	ṯraṯa
4	arab^{c}a
5	ẖamsa
6	satta
7	sab^{c}a
8	tmanya
9	tas^{c}a
10	^{c}ašra

Arzt	aḍbīb
Ausweis	nikwiṯ
Auto	ṭumubīl
Bahnhof	la gār
Bank	rbanko
Botschaft	s-sifāra
Brief	ṯabrat
Briefmarke	s-sīyū ntabrat
Büro	rmaktab
Bruder	uma
Buch	raktab
Dorf	qarya
dort	zīha
Flughafen	rmaṭār
Freund	amaddukar
Freundin	ṯammadukart
Frühstück	arīyyaq
Geldwechsel	ṣ-ṣarf
gestern	iḍan-nāṭ
Haus	ṯaddarṯ
heute	nhāra
hier	zanita
Hotel	lfunda
krank	yahraš
Markt	sūq
Mutter	yimma
Polizei	pūlisīyya
Postamt	rbarīd
Restaurant	āḥammās
Schiff	aġar-rabū
schön	iṣbaḥ, išna
Schule	ṯamzida
Schwester	watšma
Stadt	ṯandint
Vater	baba
Zahnarzt	aḍbīb ntġmas

Minimumgrammatik

Diese Einführung in die Grammatik soll dem Benutzer einen systematischen Einblick in die Grundstrukturen der arabischen Umgangssprache gewähren. Dabei wird auf eine arabische Terminologie und Darstellungsweise verzichtet.

1. Substantiv

Das Genus (Geschlecht) der Substantive kann maskulin (männlich) oder feminin (weiblich) sein. Maskulin sind im allgemeinen alle Substantive, die mit einem Konsonanten enden bzw. männliche Wesen kennzeichnen. Feminin sind im allgemeinen Substantive, die auf -a oder -e enden bzw. weibliche Wesen bezeichnen.
Als Numerus (Zahl) kennt das Arabische neben Singular (Einzahl) und Plural (Mehrzahl) noch den Dual (Zweizahl), der in der Umgangssprache nur wenig gebraucht wird, und den Kollektivplural.
Der Dual wird durch Anhängen der Endung -ēn an das maskuline bzw. tēn an das feminine Wort gebildet:
yōm Tag - *yōmēn* zwei Tage   *sana* Jahr - *sanatēn* zwei Jahre

Der Kollektivplural drückt eine unbestimmte Menge gleicher Gattung oder Art aus und ist der Form nach singularisch:
teffāḥ Äpfel   *teffāḥa* ein einzelner Apfel
baṭṭīẖ Melone   *baṭṭīẖa* eine einzelne Melone

Beim Plural unterscheidet man den regelmäßigen und den unregelmäßigen bzw. gebrochenen Plural. Die regelmäßige Mehrzahlform männlicher Substantive endet auf -īn (mar. mitunter auch -ēn). Die weibliche regelmäßige Mehrzahl hat die Endung -āt. Dieser Plural gilt meist für Personen:
muᶜallim Lehrer (Sing.)   *muᶜallimīn* Lehrer (Pl.)
muᶜallima Lehrerin   *muᶜallimāt* Lehrerinnen

Die unregelmäßigen Pluralformen sind vielfältig. Wo es sinnvoll erschien, wurden sie im Sprachführer angezeigt.

2. Artikel

Der bestimmte Artikel heißt für alle Geschlechter *il*. Im absoluten Anfang und vor einem vokalisch anlautenden bzw. nach einem vokalisch auslautenden Wort wird *il* zu *l* reduziert. Vor den Konsonanten t, d, r, z, s, š, ṣ, ḍ, ṭ, n sowie mitunter auch k und ğ/g wird das l des Artikels mit den genannten Konsonanten assimiliert; d.h. *(i)l* wird zu *(i)d*, *(i)t*, *(i)s* usw. Ein unbestimmter Artikel existiert nicht.

3. Kasus

Die Fälle werden im allgemeinen nicht gekennzeichnet.

Der *Genitiv* bzw. die Genitivverbindung wird meist verwendet, um ein Substantiv näher zu bestimmen. Dies erfolgt durch Nebeneinanderstellung von Substantiven. Dabei fällt der Artikel des Bestimmungswortes aus, die Femininendung wird zu *-it* bzw. *-et*.

madrasit is-safāra (äg.)	die Schule der Botschaft
sayyāret il-muᶜallime (syr.)	das Auto der Lehrerin
bāb il-bēt (syr.)	die Tür des Hauses
weld el-mūdīr (mar.)	der Sohn des Direktors

Der *Dativ* wird mittels der Präposition *la* ausgedrückt, die mit dem Artikel zu *lil* (äg./syr.) bzw. *lel* (mar.) verschmilzt.

lil walad	dem Kind
la aḫūh	seinem Bruder

Der *Akkusativ* ist gleich dem Nominativ und nur durch seine Stellung im Satz gekennzeichnet (wie im Englischen oder Französischen).

4. Adjektiv

Das Adjektiv hat für Genus und Numerus dieselben Endungen wie das Substantiv. Auch sie bilden einen regelmäßigen und unregelmäßigen Plural. Doch richtet sich das Adjektiv nur im Singular nach dem Substantiv. Nach einem Substantiv im Plural steht das Adjektiv im Feminum Sing., auch wenn das Substantiv maskulin ist. Allein nach Pluralen, die Personen bezeichnen, steht das Adjektiv unterschieden nach Geschlecht ebenfalls im Plural. Wird der Plural der Adjektive hierbei unregelmäßig gebildet, gilt er für Maskulinum und Femininum. Nach einem Kollektivplural steht das Adjektiv ebenfalls im Sing., je nach Geschlecht.

Ist das Substantiv bestimmt, nimmt das attributive Adjektiv den Artikel an. Beispiele:

1.	*bēt kibīr*(äg.)	ein großes Haus
	madrasa gidīda (äg.)	eine neue Schule
	l-bēt li-kbīr (syr.)	das große Haus
	l-madīne l-adīme (syr.)	die alte Stadt
2.	*garānīl gidīda* (äg.) (f/pl)	neue Zeitungen
	byūt ktīre (syr.) (m/pl)	viele Häuser
3.	*mu*^{c}*allimat gidīdat* (äg.)	neueLehrerinnen
	fallāḥīn sūrīyīn (syr.)	syrische Bauern
4.	*ūlād kbār* (mar.)	große Kinder
	banāt ṭwāl (syr.)	große Mädchen
	nās ktīr (syr.)	viele Leute
	mōz kwayyis (syr.)	schöne Bananen

In prädikativer Stellung steht das Adjektiv indeterminiert hinter dem Substantiv und stimmt mit diesem in Genus und Numerus überein.

iš-šurba suḥna (äg.)	Die Suppe ist heiß.
il-kilmāt ma^{c}*rūfe* (syr.)	Die Wörter sind bekannt.
el-bnāt ǧamīlāt (mar.)	Die Mädchen sind schön.

5. Pronomen

Personalpronomen

Im Arabischen gibt es keinen Unterschied in der Anrede zwischen *du* und *Sie* (*Sie* nur für wichtige Persönlichkeiten) .

Deutsch	*Ägyptisch*	*Syrisch*	*Marokkanisch*
ich	ana	ana	āna
du (m), Sie (m)	inta	inte	nta
du (w), Sie (w)	intī	inti	nti
er	hūwa	hūwe	huwwa
sie	hīya	hiye	hiyya
wir	iḥnā	naḥna	ḥna
ihr	intū	intu	ntum/a
sie	hummā	hinne	hum/a

Possessivpronomen

Die Possessivpronomen treten in Gestalt von Personalsuffixen beim Substantiv auf. (Bei Verben bzw. Präpositionen dienen die Personalsuffixe als Dativ- bzw. Akkusativobjekt.)

Deutsch	*Ägyptisch*		*Syrisch*		*Marokkanisch*	
mein, mich, mir	-ī bzw.	-yī	-i bzw.	-yi	-i bzw.	-ya
dein, dir, dich	-ak	-k	-ak	-k	-ek	-k
dein, dir, dich	-ik	-ki	-ik	-ki	-ek	-ki
sein, ihn, ihm	-uh	-h	-o	-h	-o	-h
ihr, sie, ihr	-hā	-ihā/aha	-a	-ha	-ha	-ha
unser, uns	-nā	-inā	-na	-na	-na	-na
euer, euch	-kū	-ukū	-kon	-kon	-kum	-kum
ihr, sie, ihnen	-hum	-uhum	-on	-hon	-hum	-hum

Die Varianten (*-yi* , *-k* usw.) werden angewandt, wenn ein Vokal vorausgeht. (Bei Verben heißt die Endung der 1. Pers. Singular *-ni*)

bētna (äg.)	unser Haus
šanṭitak (syr.)	deine (m) Tasche
ktābha (mar.)	ihr (Sg) Buch

In Verbindung mit Personen werden im Ägyptischen Personalsuffixe bevorzugt. Ansonsten werden die Possessivpronomen meist durch die entsprechende Form von *bitāᶜ*, *bitāᶜit* (f) und *bitāᶜū* (Pl) und Personalsuffix gebildet, die nach dem determinierten Substantiv stehen. Bei femininen Substantiven wird die Endung *-a* vor den Suffixen zu *-it*.

il-bēt bitāᶜī	mein Haus
iš-šanta bitāᶜithum	ihre (Pl) Tasche

Im Marokkanischen werden die Possessivpronomen meist mit Hilfe der Präpositionen *mtā'* bzw. *dyāl* ausgedrückt. Diese Formen stehen mit dem entsprechenden Personalsuffix hinter dem Substantiv.

el-ẖū mtā'i	mein Bruder
el-luġa dyālkum	eure Sprache

Ägyptisch	*Marokkanisch*
bitāᶜī	mtā'i/ dyāli
bitāᶜak	mtā'ek/ dyālek
bitāᶜik	mtā'ek/ dyālek
bitāᶜuh	mtā'o/ dyālo
bitāᶜhā	mtā'ha/ dyālha
bitāᶜnā	mtā'na/ dyālna
bitāᶜkū	mtā'kum/ dyālkum
bitāᶜhum	mtā'hum/ dyālhum

6. Demonstrativpronomen

Deutsch	*Ägyptisch*	*Syrisch*	*Marokkanisch*
dieser	de	hāda	hāda
diese (f)	di	hādi/ hay	hādi
diese (Pl)	dōl	hādōl(e)	hādu
jener	dukha	hādāk	hādak/ dak
jene (f)	dikha	hādīk	hādik/ dik
jene (m Pl)	dukham	hādōlīk	hāduk/ duk

Im Ägyptischen steht das Demonstrativpronomen immer nach dem determinierten Substantiv (Kongruenzverhältnis Substantiv-Adjektiv).

ir-rāgil de/ dukha	dieser/ jener Mann
il-banāt dōl/ dukham	diese/ jene Mädchen

Attributivisch, d.h. vor einem Substantiv, dient im Syrischen für alle Genera und Numeri gleich die Kurzform *hal* zum Ausdruck von *dieser*, *diese*.

		ABER:	
hal-marra	diese Frau	*hādīk il-marra*	jene Frau
has-sayyāra	dieses Auto	*hādīk is-sayyāra*	jenes Auto
hal-byūt	diese Häuser	*hādōlīk il-byūt*	jenes Haus

Auch im Marokkanischen wird das Demonstrativpronomen mit dem Artikel der Substantive assimiliert.

hād-er-rāğul	dieser Mann
dik-el-mrā	jene Frau
dak-el-tbīb	jener Arzt

7. Verb

Die im Arabischen gebrauchten Hauptzeitformen des Verbs sind Perfekt, Imperfekt und Futur. Einen Infinitiv gibt es nicht. Die „Nennform" ist die 3. Pers. Singular Perfekt (mask.). Das *Perfekt* bringt eine abgeschlossene Handlung zum Ausdruck. Das *Imperfekt* bezeichnet eine sich in der Gegenwart oder nahen Zukunft vollziehende Handlung. Häufig wird anstelle des Imperfekts für gerade ablaufende Vorgänge bzw. Handlungen das *Partizip Aktiv* benutzt. Das *Futur* bringt eine zukünftig stattfindende Handlung zum Ausdruck.

Die Verneinung des Verbs geschieht durch Voranstellung von *mā* (nicht). Meist wird auch noch ein *-š* bzw. -šī das Verb (oder Pronomen) angehängt.

Besonderheiten der einzelnen Dialekte

b-Imperfekt

Zum Ausdruck einer gewohnheitsmäßigen, sich häufig wiederholenden oder während des Sprechens andauernden Handlung wird im Ägyptischen das Präfix *b-* (bei Vokalen) bzw. *bi-* (bei Konsonanten) den Imperfektformen vorangestellt.

baktib	ich schreibe	*binudhul*	wir treten ein
bitišrab	du trinkst	*bīḥuṭṭū*	sie stellen

Im Syrischen wird das b-Imperfekt allgemein für eine sich in der Gegenwart vollziehende Handlung gebraucht. Die b-losen Formen des Präsens werden angewandt, wenn zwei Verben zusammentreffen, von denen eine gewöhnlich dem deutschen Infinitiv entspricht.

bta^{c}ref tiktob?	kannst du schreiben?
brīd imši.	ich möchte gehen

Zum Ausdruck der unmittelbar andauernden Gegenwart benutzt man die Partikel *^{c}am.*

mīn ^{c}am byiḥki?	Wer spricht dort?
šū ^{c}am bit'ūl?	Was sagst du?
hūwa ^{c}am byištiġil biš-širke.	Er arbeitet in der Firma.

ka-Imperfekt

Im Marokkanischen wird dem Verb zum Ausdruck einer während des Sprechens andauernden Handlung das Präfix *ka-* vorangestellt.

hiyya ka-tekteb l-brayya.	Sie schreibt gerade einen Brief.
ana ka-nešrab qahwa.	Ich trinke gerade Kaffee.

8. Futur

Die Zukunft kann im Syrischen ausgedrückt werden durch die entsprechende Form des Imperfekts (ohne b-Präfix), der man unveränderlich für alle Personen *rāḥ* voranstellt.

rāḥ iǧi	ich komme gleich.
rāḥ azūrak bukra.	ich werde dich morgen besuchen

Neben der o.g. Form wird im Ägyptischen in der Regel das Präfix *ḥ(a)* bzw *h(a)* den Imperfektformen vorangestellt.

ḥayiktib	er wird schreiben
ḥatišrabū	ihr werdet trinken

Im Marokkanischen benutzt man zum Ausdruck der Zukunft die entsprechende Form des Imperfekts (ohne ka-Präfix). Häufig wird ihr das Hilfsverb *ġād* vorangestellt.

nesken	ich werde/wir werden wohnen
ana ġād nemši	ich werde gehen
hiyya ġād tekteb	sie wird schreiben

9. Imperativ

Die Imperativformen werden bei den starken Verben ausgehend von der 2. Pers. Singular (mask.) des Imperfekts gebildet. Dabei fällt das Personalpräfix weg. Im Ägyptischen und Syrischen tritt an seine Stelle ein *i-* bzw. *u-*. Zur Bildung der femininen Form wird außerdem ein *-ī* und zur Bildung der Pluralform ein *-ū* / *-ō* an das Verb angefügt.

išrab (äg.)	trink!
iktibī (syr.)	schreib!
skenō (mar.)	wohnt!
ūmū (äg.)	steht auf!
kōl (syr.)	iß!
šīlī. (äg.)	bring weg!
hāk (mar.)	nimm!

10. Partizip

In der Umgangssprache wird oft anstelle der konjugierten Imperfektformen das *Partizip Aktiv* angewandt. Es wird wie ein Adjektiv bzw. Substantiv behandelt (Genus/Numerus veränderlich).

ana sākin (m) / sākne (f)	ich wohne
inta sākin (m) / inti sākne (f)	du wohnst
hūwa sākin	er wohnt
hīya sākne	sie wohnt
(n)iḥna sāknīn (m Pl)/sāknāt (fPl)	wir wohnen
intu sāknīn (m Pl)/sāknāt (fPl)	ihr wohnt
hummā sāknīn (m Pl)/sāknāt (fPl)	sie wohnen

analog dazu:

schreiben:	kātib, katba, katbīn, katbāt
trinken:	šārib, šarba, šarbīn, šarbāt
weggehen:	rāyeḥ, rāyḥa,rāyḥīn, rāyḥāt
fürchten:	ẖāyef, ẖaifa, ẖaifīn, ẖāifāt
ankommen:	wāṣil, waṣla, waṣlīn, waṣlāt

11. Konjugation: Perfekt

Deutsch	Ägyptisch
schreiben	
ich habe geschrieben	katabt
du hast geschrieben (m)	katabt
du hast geschrieben (f)	katabtī
er hat geschrieben	katab
sie hat geschrieben	katabit
wir haben geschrieben	katabnā
ihr habt geschrieben	katabtū
sie haben geschrieben	katabū
sagen	
ich habe gesagt	ult
du hast gesagt (m)	ult
du hast gesagt (f)	ultī
er hat gesagt	āl
sie hat gesagt	ālit
wir haben gesagt	ulnā
ihr habt gesagt	ultū
sie haben gesagt	ālū
sehen	
ich habe gesehen	šuft
du hast gesehen (m)	šuft
du hast gesehen (f)	šuftī
er hat gesehen	šāf
sie hat gesehen	šāfet
wir haben gesehen	šufnā
ihr habt gesehen	šuftū
sie haben gesehen	šāfū

Syrisch	Marokkanisch
schreiben	
katabt	ktebt
katabt	ktebti
katabti	ktebti
katab	kteb
katabit	ketbet
katabna	ktebna
katabtu	ktebtu
katabu	ketbu
sagen	
ilt	gult
ilt	gult
ilti	gulti
āl	gāl
ālit	gālet
ilna	gulna
iltu	gultu
ālu	gālu
sehen	
šift	šuft
šift	šufti
šiftī	šufti
šāf	šāf
šifet	šāfet
šifna	šufna
šiftu	šuftu
šāfu	šāfu

12. Konjugation: Imperfekt

Deutsch	Ägyptisch
schreiben	
ich schreibe	aktib
du schreibst (m)	tiktib
du schreibst (f)	tiktibī
er schreibt	yiktib
sie schreibt	tiktib
wir schreiben	niktib
ihr schreibt	tiktibū
sie schreiben	yiktibū
wissen	
ich weiß	ā^{c}rif
du weißt (m)	tā^{c}rif
du weißt (f)	tā^{c}rifī
er weiß	yā^{c}rif
sie weiß	tā^{c}rif
wir wissen	nā^{c}rif
ihr wißt	tā^{c}rifū
sie wissen	yā^{c}rifū
machen	
ich mache	i^{c}mil
du machst (m)	ti^{c}mil
du machst (f)	ti^{c}milī
er macht	yi^{c}mil
sie macht	ti^{c}mil
wir machen	ni^{c}mil
ihr macht	ti^{c}milū
sie machen	yi^{c}milū

Syrisch	Marokkanisch
schreiben	
biktob	ka-nkteb
btiktob	ka-tktebi
btiktobi	ka-tktebi
byiktob	ka-ykteb
btiktob	ka-tkteb
mniktob	ka-nkteb
btiktobu	ka-tktebu
byiktobu	ka-yktebu
wissen	
bā^{c}ref	ka-n^{c}raf
btā^{c}ref	ka-t^{c}rafi
btā^{c}rifī	ka-t^{c}rafi
byā^{c}ref	ka-y^{c}raf
btā^{c}rif	ka-t^{c}raf
mnā^{c}rif	ka-n^{c}raf
btā^{c}refu	ka-t^{c}rafu
byā^{c}rifu	ka-y^{c}rafu
machen	
ba^{c}mil	ndīr
bta^{c}mil	tdīr
bta^{c}milī	tdīri
bya^{c}mil	ydīr
bta^{c}mil	tdīr
mna^{c}mil	ndīru
ti^{c}milu	tdīru
bya^{c}milu	ydīru

13. „Sein“ und „Haben“

Imperfekt

Das Hilfsverb *sein* existiert im Arabischen allgemein nicht im Imperfekt. In der Gegenwart gibt es nur Formen zum Ausdruck von *nicht sein*, die mit muš bzw. miš gebildet werden.

hūwe šāṭir (syr.)	Er ist tüchtig.
il-bint muš gamīla (äg.)	Das Mädchen ist nicht schön.

Das Marokkanische gebraucht jedoch eine Sonderform, wenn das *sein* betont werden soll (im Sinne von existieren, sich aufhalten usw.).

rāni, rāk/rāki, rāh, rāha/rāhi, rāna, rākum, rāhum.

rāni kbīr (auch: *ana kbīr*)	Ich bin groß.

Perfekt

Deutsch	*Ägyptisch*	*Syrisch*	*Marokkanisch*
ich war	kunt	kint	kunt
du warst (m)	kunt	kint	kunt
du warst (f)	kuntī	kinti	kunti
er war	kān	kān	kān
sie war	kānit	kānit	kānet
wir waren	kunnā	kinna	kunna
ihr wart	kuntū	kintu	kuntū
sie waren	kānū	kānu	kānu

Haben wird allgemein durch die Präposition *ᶜand* (bei) mit dem entsprechenden Personalsuffix (s. Abschnitt Possessivpronomen) gebildet.

Deutsch	*Ägyptisch*	*Syrisch*	*Marokkanisch*
ich habe	ᶜandī	ᶜandi	ᶜandi
du hast	ᶜandak	ᶜandak	ᶜandek
du hast	ᶜandik	ᶜandik	ᶜandek
er hat	ᶜanduh	ᶜando	ᶜando
sie hat	ᶜandaha	ᶜanda	ᶜandha
wir haben	ᶜandina	ᶜandna	ᶜandna
ihr habt	ᶜanduku	ᶜandkon	ᶜandkum
sie haben	ᶜanduhum	ᶜandon	ᶜandhum

Im Marokkanischen bringt man ebenso durch die Konstruktionen mit *mtāʾ* bzw. *dyāl* ein Besitzverhältnis zum Ausdruck. Im Ägyptischen und Syrischen wird meist auch die Präposition *māᶜ* verwendet, wenn „etwas bei sich haben" ausgedrückt werden soll. Um noch stärker den Besitz auszudrücken, gebraucht man die Präposition *li* mit folgendem Personalsuffix:

Ägyptisch	*Syrisch*
lī/ līya	ili
lak	ilak
lik/ līk	ilik
luh	ilo
lahā/ lihā	ila
linā	ilna
lukū	ilkon
luhum	ilun

Das Perfekt wird durch Voranstellen der kān-Formen (sein) gebildet.

Die wichtigsten Konjugationen: Perfekt/ Imperfekt

Deutsch	*Ägyptisch*	*Syrisch*	*Marokkanisch*
machen	ᶜamal/ yiᶜmil	ᶜamal/ byāᶜmel	dār/ ka-ydēr*
schreiben	katab/ yiktib	katab/ byiktob	kteb/ ka-ykteb
essen	akal/ yākul	akal/ byākol	klā/ ka-yākul
wohnen	sakan/ yuskun	sakan/ byiskon	sken/ ka-ysken
suchen	dauwar/yidauwar	fattaš/ bifattiš	fetteš/ ka-yfetteš
lieben	ḥabb/ yiḥibb	ḥabb/ biḥibb	ḥebb/ ka-yḥebb
bringen	gāb/ yigīb	ğāb/ biğīb	ğāb/ ka-yğēb
sehen	šāf/ yišūf	šāf/ bišūf	šāf/ ka-yšūf
sagen	ʾāl/ yiʾūl	ʾāl/ biʾūl	gāl/ ka-ygūl
nehmen	ẖad/ yāẖud	aẖad/ byāẖod	šedd/ ka-yšudd
gehen	mašā/ yimši	mašā/ byimši	mšā/ ka-ymši
kommen	yīgī	iğa/ byiği	ğā/ ka-yği

*meistens wird dem Verb in der Gegenwart die Vorsilbe *ka* (etwa: gerade, soeben) vorangestellt.

äg	ägyptisch
Alg	bes. in Algerien / Ostmarokko übliches Wort
arab.	arabisch
berb.	berberisch
bes.	besonders
Bsp.	Beispiel
bzw.	beziehungsweise
ca.	zirka
d.A.	der Autor
d.h.	das heißt
engl.	englisch
etc.	et cetera
f	feminin, feminine Form
frz.	französisch
Jh.	Jahrhundert
Lib	bes. im Libanon (neben Syrien) gebräuchliches Wort
m	maskulin, maskuline Form
mar	marokkanisch
Mio	Million
o.ä.	oder ähnliche
pej	pejorativ
Pl	Plural
pop	populär/umgangssprachlich
rel	religiös, religiöser Begriff
span.	spanisch
syr	syrisch
u.a.	unter anderem
übertr	im übertragenen Sinne
z.B.	zum Beispiel